成长手记系列

妈妈，我是从哪儿来的？

——一位妈妈和女儿的对话

欧群慧　著

教育科学出版社
·北　京·

前　言

亲爱的读者：

您好！

非常高兴与您分享我和孩子共同成长过程中的对话。

2003 年我的孩子出生，与现在很多妈妈热衷于给自己的孩子开博客、写微博一样，我也非常喜欢给自己的孩子写日记，记录孩子成长过程中点点滴滴有趣的、引起我思考、让我感动的小故事。去年，利用暑假休息时间整理了这些内容，我自己也吓了一跳，孩子的成长日记竟然有 50 万字！

听从了朋友们的建议，决定把日记整理出版。但面对这几十万字的内容，我一时不知道怎么下手。日记的每一个字对我来说都无比珍贵，要我舍弃任何部分我都觉得可惜——它不仅记录了孩子的成长，也记录了我的变化。经过与教育科学出版社编辑的多次讨论，我选取了女儿五岁到六岁这一年中的日记内容，删繁就简，只把我和女儿的对话部分单独呈现出来。这个年龄段的孩子已经具有较强的语言能力，对世界充满了好奇，并且开始有了自己的思想。通过孩子天真、幼稚的语言，我们能读出他们的纯真和对这个世界的思考。

在今天这种快节奏的生活中，很多家长很少有时间坐下来认认真真地教育自己的孩子，而对话是非常适合这种快节奏生活的教育形式。和很多在职妈妈一样，我也是非常忙碌的，在孩子成长的过程中，对话是我采用最多的教育形式。一方面，对话有利于亲子关系的和谐；另一方面，对话是最方便的一种教育形式，在任何时间、地点都能进行。同时，对话的过程既是家长表达自己真实认识和态度的过程，更是倾听孩子思想的过程。我的孩子爱提问，只要她的脑袋里产生了任何一个问题，她都要问个水落石出。于是，教育就在我们之间的一问一答，或者讨论中展开。

作为一个妈妈，作为一个教育研究者和工作者，我希望我们的孩子拥有快乐、精彩的童年，希望他们的童年能给他们未来生活更多的积淀。我也希望本书在您教育孩子的过程中，对您有所启发。

欧群慧

2014年6月16日　北京·望京

目　录

☆妈妈，我是从哪儿来的

2008年6月27日

“我是从哪儿来的？”一直是子欧渴望了解的问题。子欧在三岁以前也经常会问我这个问题，我当时这样告诉她：“你曾经是天上美丽的小天使，成天在天上飞，寻找爱你的爸爸和妈妈，后来你发现我们是很有爱心的父母，于是就跑到我的肚子里，成了我们的孩子。”三岁的子欧对这样的解释很满意。但随着年龄的增长，她逐渐对这个答案产生了怀疑，开始意识到这是一个不真实的回答。她希望得到一个真实、科学的答案，她明白天使的说法是属于想象的世界。昨天是子欧的五岁生日，她又提起了这个问题。为了得到这个问题的准确答案，这次她使用了新招数。

“妈妈，我是你的孩子。”

“不对，你是妈妈和爸爸的孩子。”

“我是从你的肚子里生出来的，不是从爸爸的肚子里生出来的，所以我只是你的孩子。”

我明白了，子欧可能是渴望对这个问题有更多的了解才故意这样说。于是我觉得必须认真、科学地回答这个问题，我想了想，然后对她说：

“子欧，你是这样出生的：妈妈出一个卵子，爸爸出一个精子，卵子和精子结合在一起变成一个受精卵，这个受精卵就是你。然后，你在妈妈的子宫里一天天长大，一直要待九个多月呢，有一天你终于长大了，可以离开那个温暖黑暗的房间了，于是就出生了。”

但她似乎对这个答案不太满意：

“可爸爸的精子怎么和你的卵子在一起啊？”

子欧一下问到了问题的关键。我犹豫了，是不是应该告诉她全部？如果告诉她全部会不会有不好的影响？想了一下，我最后决定给她讲清楚。

于是我说：“因为爸爸和妈妈相亲相爱，我们想，要是有一个像我们自己的小宝宝，该是多么有意思的事情啊，于是，爸爸和妈妈的性器官结合在一起，精子和卵子就相遇了。”

“爸爸的性器官是不是就是爸爸的小鸡鸡啊？”

“是啊！爸爸的小鸡鸡里会有很多精子跑到妈妈的性器官阴道里，但只有一个跑得最快的精子会和妈妈的卵子结合在一起。”

“原来是这样的，我是爸爸跑得最快的那个精子长大的，难怪我跑步很快呢。”

自此，子欧对这个问题不再好奇了。

子欧妈妈想说

1. 很多孩子在四五岁的时候，都会向父母提出这样的问题，这是一种很正常的现象。因为这个时候的孩子会有一种强烈的性别意识，经常会向家长提出一些关于性方面的问题，其中“我是从哪儿来的”就是最具有代表性的问题。因此，家长对于孩子的这些问题应该感到坦然。

2. 孩子提出性方面问题的时候，是家长对其进行性别教育的最佳时机。对于很多家长来说，“我是从哪儿来的”是一个难回答的问题。不是问题本身很难回答，而是家长觉得难以启齿，特别是在比较传统的家庭中，要回答这个问题总是有一些不自在。家长在面对这个问题的时候，对于不同年龄段的孩子可以采取不同的方法。比如，在回答三四岁孩子的这个问题时，可以采取一些非科学的方法，像你是小天使等；但在回答五六岁孩子的这个问题时，特别是孩子希望对问题有正确的认识时，家长应该科学地回答这个问题。

3．孩子只是对自己从哪儿来的问题感兴趣，家长不必担心其他方面。当得到准确的答案后，他们也就不再好奇了，并且很高兴自己是那个跑得最快的精子长成的小宝宝，也不会像一些家长所担心的有负面影响。孩子对于性爱等方面的问题还没有意识。因此，家长在面对孩子的这些问题时，完全可以坦然地从科学的角度给孩子正确的解释。

☆我不想属羊

2008年7月12日

子欧出生在2003年，2003年是羊年。子欧不愿意属羊。昨天她又一次与我聊起关于属相的问题。

"妈妈，我属什么？"

"你属羊啊。"

"我不属羊，我属马。"

"你不属马，2002年出生的孩子属马，你表姐属马，你属羊，因为你是2003年出生的。"

"明年我属什么？"

"明年你还是属羊。"

"过几年，我属什么？"

"你还是属羊。"

"我不愿意属羊。"

"你为什么不愿意属羊？"

"因为有些奶奶说，属羊不好。这些奶奶说属猪、属龙好。"

"妈妈告诉你啊，羊在中国的传统文化中是非常吉利的一种动物。我们在生活中所用到的最美丽的三个字'真、善、美'，其中就有两个是羊字头，如以美字来说，羊大为美，善良的善也是羊字头。这两个是多么好的字啊，都与羊有关系，这说明羊很好。并且妈妈还要告诉你，历史上也有很多名人属羊，他们都是非常优秀的人。”

“有哪些名人属羊啊？”

“这个妈妈一下也说不出来，妈妈上网查一查就知道了，待会儿告诉你。”

……

“嗯，妈妈查出来了，历史上的唐太宗李世民、曹操、欧阳修、岳飞、曾国藩等都属羊。这些人可都很了不起啊！你听过唐太宗李世民的故事吧？”

“我知道他是一位非常了不起的皇帝。那为什么有很多奶奶说属羊不好？”

“那些奶奶说得不对。以后要记住，不是每个人说的话都是正确的。属相是人们为了便于记住天干地支，而用代表十二生辰的动物来称呼它们，这样就比较好记。属相并不能决定别的什么。一个人命运的好坏不是由他出生的属相决定的，而是由自己的后天努力等多方面的因素决定的。如果说属哪一个属相好，那就不用努力，也能命运好吗？这是没有科学道理的。子欧，记住妈妈的话了吗？”

“记住了。那下次再有奶奶这样说的时候，我就可以告诉她们，这种说法不正确。”

子欧妈妈想说

1. 中国的传统文化博大精深，其中蕴藏了许多值得我们好好学习的内容，家长完全可以利用这些传统文化来教育儿童。但同时家长也应正确对待传统文化中的糟粕。

2. 家长在教育孩子辨别是非真假的时候，可以通过举例子的方式来进行，给儿童讲清楚道理，这样才能让儿童确信。如果只是简单地告诉孩子一些结论，可能会导致孩子产生认知混淆。

☆爷爷的生日礼物

2008年7月15日

每一年给家人买生日礼物的时候，我都会征询子欧的意见。昨天，我问子欧今年应该给爷爷买什么生日礼物，子欧的回答很有意思。

“子欧，爷爷快过生日了，我们送爷爷什么生日礼物啊？”

子欧想了一会儿说：“爷爷最喜欢喝酒了，要不买酒吧。爷爷一定会喜欢的。”

“以前爷爷奶奶过生日的时候，你总是说买棒棒糖、酸奶、冰激凌、爆米花等，都是你最喜欢吃的。为什么这回不买这些了啊？”

“是爷爷的生日，就应该买爷爷最喜欢的，是我的生日，就买我最喜欢的。”

“子欧的主意真好，那我们就给爷爷买酒喝。爷爷一定会很高兴的。”

“爷爷会问这是谁的主意吗？”

“爷爷如果问，我就告诉他，是你的主意。”

“爷爷如果不问呢？”

“我也告诉他，是子欧的好主意。爷爷一定会夸你懂事了。那如果奶奶过生日，你觉得应该给奶奶买什么呢？”

“奶奶希望自己更漂亮一些，那就给奶奶买漂亮的衣服吧。”

“子欧长大了，懂事了啊，知道做事情不能仅仅从自己的喜好来考虑了。妈妈真为你的进步感到高兴。”

子欧妈妈想说

1. 五岁的孩子已经开始慢慢脱离自我中心的发展阶段，她开始能够从他人的角度考虑问题了。“儿童自我中心”是瑞士儿童心理学家皮亚杰提出的心理学名词，指儿童只会从自己的立场与观点去认识事物，而不能从客观的、他人的立场和观点去认识事物。“自我中心”人人都有，但发展速度上存在着个体差异。如果自我倾向过于严重，或到了四五岁，甚至到了六七岁，还停滞在自我中心阶段，这将影响到儿童的发展。

2. 儿童自我中心的形成往往与父母不恰当的教养方式有关，帮助儿童走出自我中心，父母需要采取科学的教养方式。现在的孩子都是家中的小太阳，父母、祖父母都会把所有的注意力集中于孩子身上，这样容易强化儿童的自我中心意识。因此，父母应有意识地转移家庭注意的焦点，把孩子视为独立的一个人，视为与其他家庭成员平等的一个人。这样就会使孩子能正确地认识自己，也能正确地认识他人。

☆妈妈，基因是什么意思

2008年7月17日

五岁的子欧很喜欢问各种各样的问题，是一个不折不扣的小问号。子欧所问的问题中，有一部分是关于词汇方面的。现在她问得最多的一个问题是："妈妈，××这个词是什么意思？"在我们的谈话中，在我们给她讲的故事中，在她看的电视节目中，只要有不理解的词语，她就马上会问。昨天，我们一起在小区外面散步聊天，子欧又碰到了一个她不理解的词语。

"妈妈，为什么树长得那么高，而小草长得那么矮？"

"这是一个非常好的问题，树长那么高，小草长得矮，这是基因的缘故。"

"什么是基因？"

"基因是一种遗传物质，如宝宝为什么长得像爸爸、妈妈，都是因为基因的缘故。"

"我的头发很黑，是不是就是因为基因啊？"

"对啊，妈妈的头发黑，所以宝宝的头发黑，因为你有这种黑色头发的遗传基因。"

"妈妈，我喜欢批评人。"

"喜欢批评人不好，你为什么突然说起这句话？"

"我像妈妈，爱批评人，这是基因决定的。"

"子欧，妈妈爱批评人，是因为长期当老师养成的，不是基因决定的。

这是妈妈不足的方面，你不要学妈妈。基因主要决定的是生理方面的特征，而不是后天形成的性格等。”

“妈妈，为什么我的头发不像爸爸的头发，爸爸的头发很黄，而像你的头发？”

“基因又分显性基因和隐性基因。”

“什么是显性基因和隐性基因啊？”

“这个问题很复杂。打个比方吧，你从妈妈这儿通过遗传得到了黑色头发的遗传基因，你从爸爸那儿得到黄色头发的基因，这一对基因就并列站在一起，其中黑头发基因个子高挡住了黄头发的基因，这样我们从前面就看不见黄头发了，所以你的头发就是黑色的。你明白吗，如果不明白，我们一起来站站，我是黑色基因，你是黄色基因，你站在我的后面，这样我挡住你了，别人就看不见你了。”

“太好了！幸好妈妈的黑色头发基因站在前面，要不，我的头发就不会这么黑了。”

子欧妈妈想说

1. 学龄前期是儿童语言发展的关键期，是人一生中词汇量增加最快的时期。儿童在与成人不断交流的过程中，在实践活动的基础上，语言能力迅速发展，对词汇的掌握上尤其突出，可以说是处在一个词汇掌握的“爆炸期”。词汇是语言的建筑材料，抓住这个关键期丰富孩子的词汇，孩子的语言就会充实而生动。作为孩子的第一任老师，家长在儿童的语言发展过程中起着举足轻重的作用，特别是母亲在其中所起的作用尤为明显。

2. 提问是儿童学习理解词汇的一种主要方式，大部分儿童会就自己不懂的词汇询问家长。有时没完没了的问题会让家长感到厌烦，有的问题会让家长感到尴尬、不知所措。家长一定要有耐心地尽力为儿童去解释，去回答关于词汇的问题。

3. 家长在回答儿童关于词汇方面的问题时，要注意方法。五岁左右的儿童，已经开始能准确理解词语了，但对在日常生活中用得较少或较抽象的词语，会表现出模糊和混淆。家长在解释这类词语时应创设情境，多通过打比方、举例子的方法来帮助他们理解。

4. 家长在与儿童交流的时候，没必要回避一些陌生的词汇，应尽量使用丰富、准确的语言与孩子交流，因为这是孩子学习语言的过程。

☆第一次坐飞机

2008年7月28日

子欧在五岁以前没有坐过飞机，所以她对这个暑假坐飞机去杭州旅游充满了向往，天天掐着指头算。终于到了临行的日子，早上8点的飞机，子欧5点就起来做准备，自己穿衣服，自己忙着洗漱，自己拖旅游包，一点也不用我们帮忙，可以看出孩子是多么的兴奋。

“子欧，5点了，起床吧。”

我只轻轻地唤一声，子欧就一骨碌从床上起来了。这是子欧第一次起得这么早，没有出现我所担心的不能起来的现象。

“今天你穿什么衣服？”

“昨天我就准备好了，穿红色的裙子。”

子欧洗漱得也非常快，不需要我们催促，因为昨天我们告诉她，如果迟到了，飞机不会等我们——子欧可不愿意错过坐飞机的机会。半个小时后，我们已经在去往机场的路上了。

“妈妈，从家里到机场需要多久啊？”

“二十多分钟，我们家距离机场比较近。”

“机场到了吗？”

“快到了。子欧，你是第一次坐飞机，妈妈给你介绍坐飞机的流程。整个首都机场分成三个航站楼，T1、T2、T3。其中T3航站楼是为了迎接奥运会的召开而新建的，是目前世界上最大的单体航站楼，于2008年2月投入试运营。不同的航站楼有不同的功能。T1、T2 航站楼主要是起降国内的航班，T3 航站楼国际航班比较多。坐飞机的时候，要先知道自己所乘坐的航班是在哪个航站楼，然后在这个航站楼找到你要乘坐的飞机所属的航空公司，并在该航空公司的柜台办理登机手续，如打印登机牌、托运行李。接着过安检，登机。"

"我们是哪个航站楼啊？"

"我们是 T2 航站楼。"

"我们到喽！"

"我们的飞机是海南航空公司的，我们要先找到海航。瞧，在那儿！噢！人太多了，我们去自助机上打印登机牌吧！"

"妈妈，我的也需要打印吗？"

"对啊，你也必须买机票，你也有自己的座位，当然也得打印啊！"

"我自己打印好不好？"

"好的，我帮你输入身份证号码，你来按键。"

"妈妈，我够不着啊。"

"没事儿，我抱起你！"

……

"这是我的登机牌！"

"是的，这是你的登机牌，这是你的第一张登机牌，很有纪念意义，你可要保存好。"

"妈妈，飞机上有早餐吧，我想在飞机上吃早餐。"

"这么早的航班，飞机上肯定有早餐。"

"先办理行李托运吧。子欧，你的拉杆包也托运吧！"

"不托运，我自己拉！"

"我们都办托运，一块托运，快点！"

“不托运，就是不托运！ 我要自己拉，我拉得动！”

“那好吧！ 你的包很小，可以不托运，但我们得先说好，你得一直自己拉自己的行李包，好吗？”

“好的！ 你们的行李托运了，等会儿我们下飞机了，去哪儿找你们的行李啊？”

“我们的行李也和我们坐同一架飞机到杭州，行李放在飞机的下面，到了杭州的萧山机场后，行李会被及时送出来，我们就可以去取自己的行李。接下来我们需要安检。”

“为什么要安检？”

“安检主要是为了保护我们的安全，怕万一有人带了不安全的东西到飞机上。”

“什么是不安全的东西啊？”

“比如刀子、汽油等。”

“怎么安检啊？”

“你看了就知道了。 爸爸已经在进行安检了。”

“爸爸安检的时候还解皮带了，为什么？”

“因为奥运会马上就要召开了，为了提高警惕确保安全，所以安检都非常严格。”

“安检害怕吗？”

“安检不害怕！”

在安检的时候，安检人员没有检查子欧，就让子欧通过了。

“妈妈，阿姨为什么不查我？”

“也许因为你是小孩吧！”

“噢！ 候机大厅好漂亮、好大啊！”

“过完安检，就等着登机了，还有两个多小时飞机才起飞，子欧你可以和爸爸到处看看！”

“好的！”

第一次坐飞机的子欧很兴奋，在候机大厅来回跑。在这期间子欧对机场的厕所也很感兴趣，去了好几趟。两个小时后我们按时登机了，在飞机上空姐开始给我们讲乘机须知。

“妈妈，你认真听，空姐在介绍注意事项。”

“好的！”

空姐介绍完了，子欧很认真地检查我们是否按空姐所要求的做好了各项准备。

“妈妈，你手机关了吗？你的安全带系上了吗？爸爸，你手机关了吗？你的安全带还没有系上。”

飞机起飞，子欧显得有些紧张。

“子欧，你看，早晨晴空万里，朵朵白云非常美丽，你往外看看吧，多美啊。”

子欧还是非常老实地坐着，不敢往窗户外面看。

“子欧，不要害怕，没有关系的，你看我们都在欣赏窗外的美景！”

飞机平稳飞了一会儿，子欧终于适应了，开始放松，往窗外看。

“妈妈，上次欢欢姐姐坐飞机的时候，还在飞机上上了一次厕所，我也想上一次厕所，看看飞机上的厕所与家里的厕所是不是不一样。”

“好的，你去吧，我发现你对厕所很感兴趣。”

“妈妈，在飞机上尿尿，那尿会从天上落下去吗？”

“这是个很有意思的问题。飞机上的废弃物分固态和液态两种。它们的处理方法是不同的。液态废弃物，如洗脸洗手的水、尿液等是直接排出机体。因为飞机的速度很快，这些废弃物一离开飞机，很快就被‘吹’散了。而固态废弃物，如拉的臭臭，一般会用垃圾袋装起来，等到飞机落地的时候再处理。”

“妈妈，我现在就想尿尿。”

“好吧，你今天哪有这么多的尿啊！ 体验一次吧！ 我和你一块去。”

几分钟后，子欧开始体验在飞机上上厕所。

“这个厕所好小啊！”

子欧有点扫兴，飞机上的厕所空间太小了，子欧不小心把裤子尿湿了。

“能在飞机上把裤衩尿湿，可不是每个小朋友都有过的经历，想想在那么高的天空，该是多么不平常的一件事啊，哈哈！”

“哈哈！ 我要告诉爸爸，我把小裤衩尿湿了。”

一个小时后，飞机徐徐降落在杭州萧山机场，子欧终于松了一口气。还是有点紧张。

“你有点紧张！”

“飞机降落，我有点紧张。 现在好了。”

“杭州真热，你觉得热吗？”

“好热。”

“这种热与北京的热不一样，这就是南方夏天那种潮湿闷热的感觉，虽然北京也是夏天，但北京再怎么热，也不会有闷的感觉。”

“我也感觉到了。”

子欧妈妈想说

1. 在孩子的成长中，有着很多的第一次：第一次站起来，第一次走路，第一次说话，第一次洗碗，第一次出门，第一次坐飞机，第一次旅游，那么这些“第一次”的体验对于儿童意味着什么呢？ 这些“第一次”对于孩子来说，是第一次面临未知的事物，是一次非常珍贵的学习过程。儿童对于这样的学习充满了兴奋和好奇，这是一种对于未知事物的兴奋，这是一种对于学习的兴奋。

2．家长在陪同孩子经历各种“第一次”体验的时候，应该耐心地给儿童一些相应的讲解，这样可以让儿童在体验的过程中获得更多的知识。同时，家长应该理解儿童因为兴奋而表现出的一些不符合情理的行为和想法。

☆不同的井盖

2008年7月29日

昨天子欧和我一起在小区里玩，她对小区里各种各样的井盖产生了浓厚的兴趣。于是我趁机引导子欧对小区的井盖进行了一次小小的探究。

“子欧，以后千万不能站在这些井盖上跳，这样很危险！”

“为什么啊？这下面是什么啊？”

“因为这些井盖下面都有一些洞，如果井盖出了问题的话，你就可能掉到下面黑乎乎的洞里。”

“噢！妈妈，为什么要挖这些洞？”

“因为我们住的小区地下都有各种管道，像自来水管道、污水管道、天然气管道等。这些管道在施工和使用中出现问题要维修，就需要有一些这样的洞——也就是通道，方便施工和维修工人出入。”

“原来是这样。妈妈，你看这些井盖上都写着字呢！”

“仔细看看，都写着什么啊。”

“这个井盖上有一个‘水’字。”

“嗯，这说明我们用的自来水是由这下面的管道输送进来的。自来水公司的水通过管道输送到我们小区后，再由这些管道输送到我们每一栋楼的水塔上，然后由这些水塔输送到每家每户。”

“为什么这些井盖上都要写字呢？”

“因为井盖太多了，如果不标识，就会不清楚是什么管道的井盖了。”

"旁边这个井盖上好像也有字。"

"好的，我们一起来看看。"

"这个写的什么，我不认识啊。"

"这个是'热'字。"

"表示什么意思啊？"

"这个表示啊，我们冬天使用的暖气都是由这下面的管道输送进来的。我们一起来找找小区里都有些什么不同的井盖好吗？"

"好啊。"

"这又有一个，妈妈，快来看看这是什么意思？"

"这个是电信的标识，爸爸妈妈每天都要上网，还有家里的电话、电视，这些都离不开这井盖下面的光纤电缆。"

"妈妈，这儿又有一个井盖！"

"这是'污'字，这下面应该是污水管道。我们每天都要使用很多水，这些水脏了以后，就由每家的下水道流到这个管道，再由这个管道输送到污水处理厂。"

"妈妈，这还有一个井盖，上面写着'气'，下面是不是天然气的管道？"

"你说对了！我们厨房做饭使用的天然气就是从这下面的管道输送的。"

"噢！小区里的地下埋的管道真多啊！这些井盖上的字就告诉我们下面是什么管道。"

子欧妈妈想说

1. 儿童天生好奇，具有很强的求知欲。可惜的是，儿童的科学探究精神往往得不到家长的认识、发现，甚至有时还被成人所扼杀。有时，孩子的一些探索性行为在家长看来可能是一种类似于调皮、淘气的行为，因此不被重视。儿童科学探究精神培养的责任主要在父母，父母需要做的就是保护儿童的探究精神和适时地引导，满足儿童的好奇心、满足他们探究的欲望。

2. 在对儿童的教育中，很多家长非常重视对儿童科学知识的教育，而比较忽视对儿童科学精神的培养。儿童科学教育的价值主要不是获得科学知识，而是要科学精神的养成。这种科学精神是影响人的一生发展的内在动力，也是形成科学探究能力的基础和前提条件。因此家长应注重培养儿童对周围世界的积极情感、好奇心和对科学的兴趣，养成尊重证据、乐于接受新思想与新信息的科学态度，让儿童在科学探究过程中培养领悟科学、运用科学的能力，促进其科学思维能力的发展。

3. 家长在生活中要善于发现、创建科学探究情境来培养儿童的科学精神。在保证孩子安全的前提下，尽量不要干涉孩子的探究行为。

☆奥运来了

2008年8月13日

2008年第29届北京奥运会终于在万众瞩目下来到我们的生活中。这是一个中国人盼望已久的日子，也是一段让中国人骄傲自豪的日子。昨天晚上，我们一家人坐在沙发上看奥运会直播，看的是廖辉获得金牌的一场比赛。子欧看了一会儿后就跑开了。

"子欧，快来看奥运比赛啊。"

"什么比赛?"

"举重项目的比赛。"

"中国能拿金牌吗?"

"廖辉可能能获得举重金牌。子欧，你在干什么呀?"

"画画!"

"你画什么呀?"

"我画奥运会!"

"奥运会怎么画啊?"

"我画他们怎么比赛！你看这张是刘翔在跨栏。"

"呵呵，还真不错。"

"还有这张，这是踢足球。"

"你为什么要画这些啊?"

"因为我很高兴啊!"

她开始一边看电视一边画画。

子欧妈妈想说

1. 图式思维是人类最早的一种思维方式，人们非常熟悉的象形文字就是一种图式思维。图式思维具有直观、易懂、富有趣味等特点。因为图式吸取影像、体态、手势、语言的长处，避开了人们由于语言文化等不同引起的沟通困难，能够帮助人们有效地传播、表达思想。图式思维有利于人们更好地认识事物，认识事物的本质；有利于人们更好地表达思想，表达思想的真实内涵。

2. 图式思维对于儿童具有特殊意义，它可以使儿童超脱语言文字、地域文化的限制，是儿童可以实现无限表达自己情感、需求的一种方式。学龄前阶段的儿童由于语言能力有限，无法自由地表达自己的思想，因此他们就可以通过图形来表达自己的感情。这样有利于儿童身心的健康成长。

☆地是怎么分的

2008年8月14日

子欧五岁以前提的问题主要集中在自然现象方面，如太阳为什么晚上看不见、人为什么会有指纹等。五岁以后她提的问题开始有一部分涉及社会方面，如为什么会有战争、军人不打仗的时候在做什么、什么是单位、宗教是什么，等等。今天中午吃饭的时候，子欧突然问我“地是怎么分的”问题。

“妈妈，地是怎么分的？”

我很诧异她怎么会问这个问题，同时也感到不好回答，于是反问她说：“你想问什么？”

子欧看我没有明白，就跑到墙边，指着地图解释说：

“为什么美国是这块地，中国又是那块地，它们是怎么分的？”

“噢！子欧，你提了一个很复杂的问题，而且这个问题中涉及的很多东西你现在还不能理解，妈妈只能简单给你讲讲。你说的‘地是怎么分的’，是指的一个国家与相邻国家之间的国土范围是怎样划分的，就是这个国家的国土边界到哪儿，那个国家的国土边界到哪儿，对吧？这就是我们常说的国界。国界都是相邻的国家通过谈判，人为划定的。人为划分国界的依据有很多，但大多都是以自然的山脉、河流和湖泊为界。比如，中国和朝鲜以鸭绿江为界，比利牛斯山是西班牙与葡萄牙的国界。”

“但我在地图上发现有些一个地方和一个地方的分界线是很直的，好像不是山脉、河流和湖泊啊。”

“在哪啊，你告诉我。”

“你看看美国的这些州，它们的分界线怎么那么直啊！”

“你观察得还挺仔细嘛！ 这也是很有意思的事情。 美国独立以后，面对广大的国土，还有大批蜂拥而入的拓殖者，当时的美国政府面临一个难题：究竟该怎么来划分、管理和有效地利用这些土地？ 为此，美国政府先后颁布了三个土地法令，并对土地进行勘察和划分。 为了方便，当时他们就是按长方形对土地进行丈量的，从而形成了今天看到的美国大小行政区划边界笔直得像棋盘一样的格局。”

子欧妈妈想说

儿童对世界的认识从身边可见的问题到不可见的问题，从对自然的关注到对社会的关注，这些都说明儿童的认识在不断深化和扩展。 随着儿童年龄的增长，他们所提问题的涉及面会更广，这也给家长回答孩子的问题增加了难度。 因为不是每个问题家长都能回答，面对这种情况，一方面，家长可先从书上、网上学习，搞清楚再回答；另一方面，家长可以通过对话，了解儿童提问的目的，然后有针对性地回答。

☆《灰姑娘》故事中的漏洞

2008 年 8 月 16 日

以前我给子欧讲过灰姑娘的故事，她非常喜欢。前天，一个阿姨送给子欧一本精美的《灰姑娘》绘本，昨天晚上她就拿出这本书，让我再一次给她讲。

"妈妈，你给我讲《灰姑娘》这个故事吧！"

"好的！……午夜 12 点，灰姑娘挣脱王子的手往回跑时，掉下了一只水晶鞋。"

子欧指着绘本上的那只精美的水晶鞋打断了我的故事。

"妈妈，妈妈，为什么其他的东西都变成了原来的样子，而这只鞋子没有变成原来的样子啊？"

"啊！是啊，真的，我以前怎么就没有发现呢，所有的东西都变成了原来的样子了，按道理，水晶鞋也应该变成原来的样子。这是有些矛盾！这是故事中的一个漏洞。"

"为什么会有这个漏洞呢？编故事的人没有发现吗？"

"也许是他还没有发现这个错误；也许是编故事的人故意这样编的吧。如果一切都变成原来的样子了，王子就找不到公主了，也就没有这个故事了。哈哈！"

子欧妈妈想说

1. 批判性思维表现为好奇、怀疑、不轻信、不盲从，它是一种崇尚人类理性的精神气质，是获得知识、追求真理的重要条件，是社会前进的主要动力。鼓励儿童质疑，是发展儿童批判思维的一个主要途径。儿童提问表明他在对事物进行探索、思考，在寻找事物之间的相互联系，提问是儿童批判思维的开端。

2. 很多儿童不敢质疑，因为他们认为和大家保持一致才是对的。敢于质疑的儿童，在很大程度上得益于成人对他们的帮助和鼓励。成人对儿童的质疑的帮助，不仅仅表现在鼓励他们去质疑，还表现在当儿童展现出批判精神的时候，成人要积极地去引导和保护。

3. 当儿童对一个问题提出质疑后，家长不能敷衍。如果儿童的质疑是错误的，也要和儿童探讨为什么不是这样；如果质疑的问题已经超出了家长解答的范围，家长可以积极努力地和孩子一起寻找问题的答案。

☆挖个洞要更容易

2008年8月27日

昨天，我给子欧讲《愚公移山》的故事，本以为她会为愚公的精神所感动，可是万万没有想到的是，子欧没有等我把故事讲完，就开始对故事的内容进行了批判。

"子欧，妈妈今天给你讲个《愚公移山》的故事！"

"好啊！"

"从前，有一个叫愚公的人。他们家住在大山里，有两座大山挡住了他们外出的路，出入很不方便，愚公决定把挡住他们家的两座大山挖掉。于是……"

当我正讲得津津有味，心想这可是一个对子欧进行意志力品质教育的好故事，子欧突然说话了。

"妈妈，我觉得愚公真的是好傻啊！"

"啊？你为什么这么说？"

"为什么他们不在山里挖个洞，就像挖一条隧道一样，这比把整座山搬走要容易。"

"哈哈！在山里挖条隧道，是比把整座山搬走要容易得多哦！"

"我觉得还是把家搬走更好！"

"为什么？"

"搬家多容易，在另外一个地方盖个房子就行了。"

"这个方法其实也很不错！也许他们是舍不得离开自己的家！"

"那成天去挑土有什么意思啊！"

"那你觉得你从这个故事中能学到什么？"

"愚公太傻了！没有这样傻的人！哈哈！我可不想当这样的傻瓜。"

"可是妈妈觉得，愚公这种不怕困难的决心是值得我们学习的啊。"

子欧完全不对我的说教感兴趣，她完全沉浸在给愚公出主意的兴奋中，于是，我也只能顺势而为了。

"你说说，还有什么好主意啊？"

"我觉得还有一个方法，就是弄一个铁索，他们从山里出来的时候，就从铁索上滑出来，就跟我们坐索道一样。这些都比把山搬走容易。"

子欧妈妈想说

家长在教育孩子的时候，常常会遇到这样的情形：孩子完全不按照你的意图来行事。家长在面对这种情形时该如何处理呢？如果不是原则性的问题，家长不要因循守旧，不要固执于自己的想法、做法，向孩子做出一些妥协和让步，会有惊人的发现。

☆这是我的秘密

2008年9月9日

今天下午子欧从幼儿园回到家特别高兴。一看就知道，子欧在幼儿园有开心的事。

“子欧，今天怎么这么高兴，一定是有高兴的事情吧。”

“妈妈，今天音乐课上老师表扬我了。”

“是吗？为什么表扬你了？”

“表扬我唱歌唱得好呗。”

“是吗？你们唱什么歌呀？”

“是《爷爷为我打月饼》，我是唱得最好的一个小朋友。”

这首歌我们以前一起在家里弹唱过，子欧在家就已经唱得很不错了。

“你有没有告诉老师，妈妈和你一起学过啊？”

“没有。”

“为什么不告诉老师？”

“老师也没有问我啊，我为什么要告诉老师啊？这是我的秘密。”

子欧妈妈想说

1. 自尊感是建立在儿童认为自己有能力的基础上的。自尊感对儿童在成长过程中获得喜悦和满足有着重要的影响。儿童自尊感能影响儿童的自我感觉，影响对自己能完成什么样事情的信心。自尊感强的儿童自我感觉好，对自己的能力也有较高的评价。儿童通常是通过与生活中的家长、老师、同伴的互动，通过这些人的接受、表扬、批评、拒绝等行为来获得自尊感的。如果儿童获得的评价是积极的，那么儿童会对自己做出积极的评价，自尊感就会变强。

2. 成就感是满足儿童尊重需要的一种重要方式，是一个人完成一件事情后，对自己所做事情产生的一种愉快的感觉。当孩子有做事情的愿望时，家长就应该让孩子自己去做。亲自动手，他们才能对自己所做的事情产生成就感，并积极追求成功，这就是成就动机的实质。当儿童受到成人的表扬，就会产生成就感，这在一定程度上满足了儿童想得到尊重的需要。家长在教育儿童的时候，应该多创造这样的机会以满足儿童的尊重需要。有时候儿童的这种成就感会让成人觉得儿童在吹牛，成人应该理解儿童的这种自我炫耀，并包容。

☆客厅有多长

2008年9月16日

昨天，子欧突然对我们家客厅的长度产生了好奇，问我客厅有多长，于是我们就这个问题进行了一次活动。

"我们家的客厅有多长？"

"我不是很清楚，大概有十几米吧，不过我们可以量一量，量了就知道准确的长度了。"

"可是没有这么长的尺子啊？"

"没有这么长的尺子也可以量啊，你去把我们家的尺子找出来！"

"妈妈，尺子没有找到，这下可怎么办？"

"我们可以想办法啊！什么事情都可以想办法解决！子欧你现在正好是一米高，我们可以以你为尺子，来量一量我们家客厅有多长。"

"我也可以当尺子？我是人，怎么能当尺子？"

"当然可以当尺子，只要知道你的身高，你就可以当作尺子，去丈量别的物体的长度。"

"那怎么量？"

"你就躺在地上，头顶挨着门，我标记下你脚的位置，然后你又在刚刚标记的地方躺下，头贴着标记的地方，这样我们就可以量出客厅的长度了！"

"这太好玩了，我躺下了，你快来画。"

于是，我们开始玩起了用子欧丈量客厅长度的游戏。

“哈哈，终于量完了，我的脚快挨着这边的墙壁了。妈妈，现在我们怎么知道房间有多长？”

“我们需要数数一共在地上做了多少次标记，好了，子欧，你来数一数？”

“1,2,3，4，…，16，妈妈，一共有16个标记。”

“你的身高是1米，我们一共量了16次，那我们的房间有16米长。你看，没有尺子，我们也可以丈量房间的长度。”

“真好玩！等下我们再把我的卧室也量一量，再把客厅的宽也量一量。”

“有意思吧，今天我们发现了子欧的另一种作用。”

“当尺子的作用，哈哈哈！”

子欧妈妈想说

1. 在日常生活中，每个人都会遇到这样的情形：想去做某事，但又不知道去做这件事情所需要采取的行动。这就涉及心理学中提到的“解决问题”概念。问题解决指的是超越过去所学规则的简单应用而产生一个解决方案。问题解决能力是人的一项非常重要的能力，在教育中必须重视对儿童解决问题能力的培养。

2. 父母是培养儿童解决问题能力的第一位老师。在生活中，孩子看着父母平静地解决不同的问题，他们会自然地学习与模仿。如果父母在面临问题的时候，表现出害怕、逃避，这对孩子建立解决问题的自信是不利的。作为父母应该培养孩子这样的意识：办法总是比问题多。家长应告诉儿童，解决问题的方式是多种多样的，要善于变换思维的角度，进行多方位、多层次的思索，灵活、变通地寻找多种解决问题的方法。

☆听《纸袋公主》故事以后

2008年9月22日

《纸袋公主》是一个关于公主和王子的故事。

故事大意是：很久很久以前，在一个城堡里住着一位美丽的公主，有一天，公主跟隔壁城堡的王子在花园里玩，突然天空乌云密布，来了一条凶狠的恶龙，把王子抢走了。恶龙还从口中喷出火焰把公主的房子连同她穿的衣服都烧掉了。公主非常气愤，就简单地找了个纸袋当衣服穿在身上，并勇敢地追赶恶龙。最后，公主用自己的机智战胜了恶龙并救回了王子。可当王子看到公主脸上被火熏得黑黑的，衣服也不再漂亮，都是一些皱皱的纸时，就跟公主说："你不是很漂亮，我不喜欢你了。"公主非常生气，因为她费了很大的力气才把王子救回来，结果还遭到王子的嫌弃。于是，公主就对王子说："你虽然长得很英俊，但是你的心却很坏。"公主说完后就离开了王子。昨天我给子欧讲这个故事，听后她竟然很长时间都不说话。

"子欧，你喜欢这个故事吗？"

（不吭声）

"子欧，你听了这个故事，告诉妈妈喜欢这个故事吗？"

子欧不情愿地告诉我说："这个故事不是真的，你又在瞎编故事了。"

"为什么不是真的？"

"公主都是穿着漂亮的衣服的，她们不会穿纸袋的。"

"是啊，刚开始公主也是穿着漂亮衣服的，后来不是因为她的衣服都被火烧掉了吗？ 所以没有衣服穿了，只能穿纸袋了。”

“公主和王子都是好朋友，他们不会生气的。”

“刚开始公主和王子也是好朋友，公主还去救王子啦，后来因为王子说公主不漂亮，所以公主很生气。”

“可是，我看到的故事中，公主和王子从来没有生气的。 这个故事肯定不是真的，是你编的，你老编这种假故事。”

“真的不是我编的，是我从书上看到的。”

“这就是一个假故事，没有这样的公主，不会有这样的故事。 公主和王子永远都是好朋友，他们最后都会结婚的。”

子欧妈妈想说

刻板印象是指对社会群体不准确和简单化的见解，致使旁人依此对其有固定的看待。 性别刻板印象是指对男性和女性的一些独有看法，而这些看法可能是错误的或过于简单化的。 家庭是个体性别社会化的最初机构，家长在儿童早期进行的性别教育尤其重要。 家长可以用行动消除自己留给儿童的性别刻板印象，如父母共同承担家务劳动、轮流做饭等。 家长也可以给女孩买车的玩具，给男孩买洋娃娃。 家长不要刻意束缚孩子的各种行为，女孩可以依本性表现得主动、勇敢、果断，男孩也可以依本性表现出爱美、善良，这样才有益于身心健康，作为人应有的自由也才能得到真正意义上的尊重。 家长也可以多组织男孩与女孩一起游戏等。

☆还是去超市买木瓜吧

2008年10月30日

在我们居住的小区中，与子欧差不多大的孩子有十多个，这些孩子从几个月大的时候就在一起玩，直到一起上幼儿园。他们一起去海洋馆、一起去旅游、一起做游戏，所以子欧没有像其他的独生子女一样感到孤独。正是因为有这些小朋友的陪伴，子欧的童年充满了快乐。五岁的子欧特别喜欢吃木瓜，在关于吃木瓜的问题上，昨天我们进行了一次非常有趣的对话。这段对话，让我深深地意识到同伴在儿童成长中的作用。

“子欧，你真的很喜欢吃木瓜，一次能吃一个木瓜啊。”

“木瓜很甜，还软，很好吃。”

“我们经常去超市买木瓜，不方便，不如我们自己种木瓜树吧，这样就可以天天去树上摘木瓜吃了。”

“不行，木瓜在北京不会活的。”

“为什么？”

“妈妈，你忘记了，我们是在云南西双版纳看见木瓜树的，木瓜是一种热带水果。”

“那这样吧，我们去云南买一块地，然后在房子前、后种满木瓜树，这样我们以后就可以天天吃新鲜的木瓜了，那该多好啊。”

子欧听了以后，就问：“那爸爸呢？”

“爸爸也去啊。我们一家都到云南生活，多好啊！”

子欧想了一会儿说："妈妈，还是每天去超市买木瓜吃吧，我们不去云南种木瓜了，这是最简单的办法了。"

"为什么啊？"

"我不喜欢离开我的朋友们。"

"哦，原来是这样啊！"

子欧妈妈想说

1. 同伴的友谊在儿童的成长过程中起着非常重要的作用，这种作用家长无法替代。儿童对拥有朋友的愿望非常强烈，有时会用一些极端的方法来建立友谊，如威胁。儿童常说："如果你不答应，我就不跟你玩儿了。"儿童也会为了得到朋友的陪伴，主动分享自己最心爱的玩具。

2. 家长应该多考虑孩子对于友谊的需要，通过多种途径为儿童寻找朋友提供机会和条件。现在大部分家庭是独生子女家庭，父母如何为儿童寻找合适的同伴，是今天的父母需要认真思考的问题。

☆中国的节日多吗

2008年10月31日

几天前，小乐爸爸带着小乐来我们家，给我们看了他们做的南瓜灯，并约好万圣节那天一起来玩游戏。因此，这几天子欧天天提醒我给她做一个南瓜灯。今天下午我从超市买回一个漂亮的黄色南瓜，子欧从幼儿园回来后，我们就一起做南瓜灯。

回家路上，子欧就问我：

“妈妈，你今天买南瓜了吗？”

“买了，等到家我们就一起来做南瓜灯好吗？”

“妈妈，你会做南瓜灯吗？”

“嗯，应该会做，妈妈以前在美国的时候，和外国朋友一起做过南瓜灯。”

到家后，看见了南瓜，子欧很兴奋。

“妈妈，这个南瓜好漂亮啊，我们怎么做呢？”

“这样吧，我们先用铅笔在南瓜上画一个鬼脸，我们先画鼻子和嘴巴，然后画眼睛等。”

“好，我来画。”

“一定要画牙齿，并且要画出龇牙的那种感觉。”

子欧画得很认真。

“嗯，在南瓜上画画真不容易啊。”

"画好了，就开始雕刻。南瓜太硬，还是妈妈来刻吧！"

"妈妈，让我先试试。"

"好的。子欧，你知道为什么要过万圣节吗？"

"不知道。"

"你想知道吗？"

"妈妈，你给我讲讲吧，是不是有一个故事啊？"

于是，我给她讲了万圣节的由来。

"为什么你们小朋友都喜欢这个节日呢？"

"因为这个节日是最好玩的了。妈妈，我怎么觉得美国有好多好多的节日呢！"

"你说说美国有哪些节日啊？"

"我知道有万圣节、圣诞节、复活节、感恩节。"

"子欧知道这么多西方的节日，真不简单。"

"妈妈，那是不是美国的节日比中国的节日多啊？"

"怎么会呢，中国的节日比美国的多呢！"

"嗯，这样才好，我喜欢中国的节日比美国的节日多。"

"你知道中国有哪些节日吗？"

"我知道有中秋节、端午节、春节、国庆节、元旦节。"

"中国的传统节日还有清明节、重阳节、七夕节等。你看看，是不是中国的节日比美国的节日多啊？"

"为什么中国的节日比美国的节日多呢？"

"因为中国的历史长，文化悠久，节日当然也多。"

"中国的历史有多长呢，美国的历史有多长呢？"

"打个比方，中国就像是一个五千多岁的老爷爷，而美国只有二百多岁，还是个小娃娃啊。"

“那我们小朋友为什么都喜欢过美国的节日啊？”

“因为你们都不了解中国的节日，应该多给你们讲讲中国的节日文化。”

“我知道一些，中秋节要吃月饼，端午节吃粽子，春节吃饺子。”

“节日里不只是吃啊，你知道为什么端午节吃粽子吗？”

“知道，因为屈原。”

“为什么因为屈原呢？”

“那我就不知道了，妈妈告诉我啊。”

……

子欧妈妈想说

1. 过节是儿童理解文化、历史的一个很好的途径。节日是文化中的一个重要组成部分，是一个国家的文化表现载体，可以比较全面地反映一个民族的历史、经济、宗教、道德、审美观和禁忌等各种文化现象。家长可以通过节日来对儿童进行相关的文化教育。

2. 节日是弘扬传统文化的一种途径，家长应该重视对儿童进行中国传统文化教育。现在在一些城市中，人们比较流行过西方的一些节日，如圣诞节、感恩节、万圣节等，而中国的一些传统节日则受到忽视。这不利于儿童对于中国传统文化的学习，我们应强调中国的传统节日文化。

3. 在节日中，家长应对儿童解释节日背后的文化内涵。因为人们一般容易感受到的是节日文化中那些可见的部分，如服饰、饮食文化，而相对容易忽视节日文化中那些不可见的部分，如宗教、历史等。因此家长在过每一个节日，特别是中国传统节日的时候，应给儿童讲解节日背后的文化内涵，这会加深儿童对于节日文化的理解。

☆家族树

2008年11月1日

尽管子欧已经能很好地理解爷爷奶奶、外公外婆、叔叔阿姨、伯伯姑姑、弟弟妹妹、哥哥姐姐等不同辈分的称呼，但对晚辈、长辈这两个较为抽象的概念理解起来有一定的困难。昨天吃晚饭的时候，子欧问起了这个问题。

"妈妈，长辈是什么意思？晚辈是什么意思？"

"长辈就是辈分比你大的人，比如我是你妈妈，我就是你的长辈。爷爷奶奶也是你的长辈。但是，相对于爷爷奶奶，我又是晚辈了。"

"妈妈，你为什么既是晚辈，又是长辈呢？"

"因为我比你大，所以我是你的长辈；我比爷爷奶奶小，所以我又是晚辈。"

"我越来越不明白了。"

爸爸走过来说道：

"你在老家的时候，一些小孩子叫你姑姑，你也是他们的长辈。"

"是啊！我这么小，回老家的时候，一些孩子比我还大，却叫我姑姑，我这是长辈吗？我这么小，怎么能当长辈呢？"

"嗯，这个问题比较复杂，这样吧，吃了饭，妈妈仔细给你讲。"

吃完饭后，我拿出纸和笔，开始为我们家的关系画了一棵家族树，先画了孩子的外公外婆。

“这是你的外公外婆，他们生了三个孩子，那就是我、你的大舅舅和小舅舅。”

“嗯，我知道。”

“大舅舅家有几个孩子啊？”

“大舅舅家有两个孩子，是瑶瑶和闻闻。”

“对了，那我们就在大舅舅后面画两个枝条，分别表示瑶瑶和闻闻。妈妈生了几个孩子啊？”

“妈妈只生了我一个。”

“对了，我们就在妈妈的下面画一个枝条，这个枝条就是你。”

“呵呵，这就是我。”

“你看，我是你外公外婆的孩子，所以相对于外公外婆我是晚辈。你是我生的，当然你是我的晚辈了。以后，你长大了，生了孩子，你就是你孩子的长辈了。这就是家族树。”

“那我们再画爸爸家的家族树吧。”

“好的，我们先画你的爷爷奶奶。你爷爷奶奶有四个孩子，分别是你的大伯、二伯、姑姑和你爸爸。你爸爸是最小的，所以画在最后面。你伯伯比你爸爸大很多，你伯伯家有两个孩子，就是你的大哥和大姐，我们把他们画在下面，你的二伯家也有两个孩子，他们就是你的二姐和三姐，你的姑姑生了两个女儿，这就是你的四姐和五姐。”

“我的爸爸就生了我一个，就在爸爸后面画一个枝条。”

“对了，这个你自己画吧。”

子欧很高兴地在爸爸的后面画了一个小人儿，然后笑着指着这个小人说：“这就是我。”

“因为你爸爸比你大伯小了很多，你大哥就比你大很多，大哥也生了一个儿子，这个小朋友你回老家的时候还跟你一起玩，是吧。他比你早出生一年，他是2002年出生的，你是2003年出生的。他尽管比你大，可你和他爸爸是一辈的，你叫他爸爸哥哥，他就叫你姑姑。你看，在这个家族树上，他和你就不是在同一辈分上，明白了吗？”

“我明白了。可是我不喜欢当这个姑姑，我比他还小。”

子欧妈妈想说

1. 在日常生活中，儿童有时候会面临一些难于理解的抽象概念，家长可通过各种方式让儿童理解这些概念，有助于儿童抽象思维的发展，有利于儿童同化新的知识。布鲁纳认为，任何知识都可以教给孩子，问题的关键是要找到适合孩子的方法。

2. 为了方便儿童理解，家长可多采用一些直观形象的方法，如通过画图的方式。还有一点家长要注意，儿童理解任何事情都必须建立在已有的知识基础上，家长在讲解时多利用儿童已有的知识和经验，把抽象概念简单化、生活化，利于儿童理解。

☆为什么不多给一点儿钱

2008年11月5日

昨天早上我坐地铁去上班，车上有一个聋哑人在卖手工制作的竹雕娃娃，我买了一个。晚上回到家，我把这个工艺品送给子欧，子欧很喜欢，我给她讲了这个礼物的来历。

“子欧，妈妈送你一件小礼物，是个用竹子雕刻的小女孩。漂亮吗？”

“很漂亮，我很喜欢。妈妈，你从哪里买的啊？”

“这个与平时给你的小礼物是不一样的，妈妈告诉你啊，今天早上我坐地铁去上班的时候，有一个聋哑人在地铁里卖这种娃娃，于是我就买了一个。因为妈妈觉得，聋哑人不容易，我们应该对这些人有一些关照。”

“聋哑人长得什么模样？”

“聋哑人长得跟我们一样，就是他们的耳朵听不见，他们的嘴巴不会说话。”

“为什么他们的耳朵听不见啊？”

“这有很多原因。比如，他们的妈妈在怀孕的时候，错吃了什么药，导致他们出生就听不见声音。也有出生后因为生病或者受伤损伤了听觉器官而变得听不到声音。”

“那为什么聋哑人还不会说话呢？”

“因为耳朵听不见，他们就学不会说话。”

“哦！ 妈妈，这个娃娃多少钱买的？”

“十元。”

“聋哑人不会说话，你怎么知道是十元啊？”

“她的字牌上写着十元，所以我就给了十元。”

“你为什么不多给一点儿，他们是聋哑人，会做这样的小娃娃真不容易啊。”

“是啊，我当时没有想到，因为她只要十元。下次我一定多给一点儿，今天没有想到。”

“爸爸，你坐地铁的时候碰到这样的聋哑人了吗？”

“没有。”

“下次碰到，一定要再买她的东西，记得多给她一些钱。”

子欧妈妈想说

1. 爱心要从小抓起，具有爱心的孩子是最可爱的。家长平时要注意对孩子一点一滴的培养、一言一行的引导，在平时生活中关注孩子，培养孩子的爱心，爱心就会在孩子心头扎下根，并会随着孩子的成长而不断扩展和升华。

2. 只有富有爱心的父母，才能培养出富有爱心的孩子。孩子时时刻刻把父母作为自己的榜样，父母的一言一行都在潜移默化地影响着孩子。因此，父母平时就要注意自己的言行举止，做到孝敬老人、关心孩子、关爱他人、乐于助人等，让孩子感觉到父母是富有爱心的人，自己也要做一个富有爱心的人。父母要经常爱抚孩子，对孩子微笑，让孩子感受到父母对他的爱，这是孩子萌生爱心的起点。让孩子感受到家庭的温暖，感受到被爱的幸福，为孩子向他人奉献爱心打下基础。父母是孩子的镜子，孩子是父母的影子。

3. 让孩子把自己痛苦时的感受与别人在同样的情境下的体验加以对比，体会别人的心情，可以使孩子学会理解别人，学会移情。例如，看到小朋友摔倒了，家长启发孩子："想想你摔倒时，是不是很疼？小朋友一定很难受，快去扶他起来。"

4. 家长要为孩子提供奉献爱心的机会。许多父母只知道一味地疼爱孩子，却忽略了给孩子提供奉献爱心的机会。如果让孩子只是接受爱，渐渐地他们就只知道索取，不知道给予，并且觉得别人关心他（她）是理所当然的。有的父母以为给孩子多点关心和疼爱，等他长大了，他就会孝敬父母、疼爱父母。其实这是一种误解，父母没有给孩子学习关爱的机会，孩子怎么会关爱父母呢？

☆放大镜和近视眼镜

2008年11月7日

今天给子欧买的一包零食里，随包赠送了一个塑料制作的放大镜，子欧玩得津津有味。

“妈妈你看，我的放大镜真好玩。你把一些东西放在它下面，这个东西就可以变得大大的了。妈妈，我把它放在我的手上，你看我的手指变得好大了。”

“嗯，真的很有趣，它能把东西放大好多呢，所以它叫放大镜。”

“为什么它能把东西放大呢？”

“你去摸摸镜片，看看放大镜的镜片有什么特点。”

“感觉很粗糙。”

“你再仔细摸摸，看看是什么感觉？”

“我还是感觉很粗糙。”

后来我给她找来我的小镜子，对她说：

“你摸摸我的小镜子，看看小镜子的镜片和放大镜的镜片有什么区别。”

子欧摸了一会儿，告诉我说：

“妈妈，放大镜的镜片很粗糙，而小镜子的镜片则很光滑。”

我很奇怪，她为什么就比较不出镜片厚薄的不同，差点要放弃的时候。她终于说出：

“妈妈，我知道了，放大镜的镜片高低不一样。”

“什么高低不一样？”

“放大镜的镜片中间感觉厚一些，边缘感觉薄一些，而小镜子的镜片都是一样厚的。”

“对啦！ 这就是为什么放大镜能把东西放大的原因。”

“我早就发现了。”

“那你为什么不说呢？”

“我说放大镜的镜片粗糙一些了啊。”

“啊！ 原来你是不知道用厚度来形容，而只是用粗糙来形容放大镜起伏的镜面。”

“是啊！”

“你再摸摸我的近视眼镜，看看近视眼镜有什么特点。”

这一次她很快就说出了：

“妈妈，近视眼镜是中间薄，周围厚。”

“对啦。 妈妈告诉你啊，放大镜是中间厚，边缘薄，这种镜子有个科学的名字叫凸透镜，凸透镜可以把东西放大。 近视眼镜是中间薄，边缘厚，这种镜子叫凹透镜。 小镜子是一样厚薄的。”

“镜子还有这么多区别，真的很好玩啊。”

子欧妈妈想说

1．苏霍姆林斯基认为，在每一个儿童的心灵深处都有一种根深蒂固的需要，就是希望感到自己是一个发现者、研究者、探索者。 家长在与孩子交流时，往往能从孩子的语言中、眼神中发现孩子的这种需要。 在孩子的成长中，父母有责任保护孩子的这种需要，让科学的种子在孩子心中生根、发芽、开花和结果。

2.“处处留心皆学问”，儿童学习知识的途径非常多，很多知识就是在日常生活中获得的。家长要做一个有心人，带着孩子去寻找这样的机会。让孩子在玩耍中进行科学探究，体验学习科学的乐趣，激发学习兴趣，并从中习得科学探究的方法，增长科学探究能力，养成尊重事实、善于质疑及乐于与人合作的科学态度，同时也促进亲子关系更加融洽、健康地发展。

如果没有好的教育，
☆无为也是一种作为

2008年11月8日

几乎每天下午在幼儿园门口都会碰到一群发放各种培训广告的人。我对此深恶痛绝，偏偏子欧还特喜欢去了解这些广告，并一直很感兴趣地让我去给她报各种各样的培训班。几天前，子欧受广告鼓动让我给她报一个成语培训班，我经不住子欧和推销人员的多次劝说，答应带她去试听一节课。

听完课，我问子欧：

“你喜欢这节课吗？”

“喜欢！”

“为什么喜欢？”

“老师先给我们做口部操，然后教我们学吸气和呼气。”

“然后呢？”

“然后我们学了三个成语。”

“哪三个成语？”

“分别是万紫千红、力大如牛、牛毛细雨。”

“老师怎么教你们学这三个成语的？”

“老师让我们反复地用不同的声调来念，还教我们理解这几个成语的意思。我们在念的时候，一个比一个声音大，老师就夸声音最大的孩子。”

"你想报这个班吗？"

"我想报！ 我想报！"

"你说说你想报的理由。"

"上课很有意思。 老师让我们做游戏，还给我们发小礼物，还有很多小朋友也在这儿学习。 明明也在这个班，我可以和她做伴啊！"

"以后上课就不会有游戏了，你还喜欢吗？"

子欧将信将疑地问我："是真的吗？"

"这种培训班，咱们就不报了，成语妈妈可以教你，比这样学更有意思。"

"可是我喜欢这个培训班。"

子欧妈妈想说

1. 现在的培训班良莠不齐，家长若是没有明辨的能力，往往是赔了夫人又折兵。当教育变成了一种产业，当父母在急躁的功利主义思想下失去了辨别的能力，孩子就成了最终的牺牲品。 教育并不一定就是好的，如果没有好的教育，无为也是一种作为。

2. 生活是儿童学习语言最好的场所。成人在与儿童的交流中，有意识地使用一些成语，孩子也就在不知不觉中学会了。 语言在交流的语境中是最自然的，最具有生命力的，在生活中学习语言也是最有效、最自然的方式。

☆戏剧游戏与孩子的假想世界

2008年11月12日

孩子都喜欢生活在假想的世界中，假想的世界给孩子带来很多快乐。子欧很喜欢玩这种穿插着假想内容的游戏。她假装不是我的孩子，我假装是她的阿姨、她的学生、她的病人……孩子在假想的世界里成长。让我感到惊奇的是，假想的世界和真实的世界，她会分得清清楚楚。有时我假装糊涂，把真实的世界与假想的世界混淆，子欧会告诉我："现在不是在玩游戏。"

"妈妈，我们一起做游戏吧！"

"好啊，做什么游戏啊？"

"玩圣诞节的游戏啊！"

"圣诞节怎么当游戏玩啊？"

"我假装睡着了，你假装圣诞老人，然后给我送礼物。"

于是，子欧躺在地毯上，假装睡着了，她甚至还发出了微微的鼾声。我蹑手蹑脚地把一个玩具放在她枕头边的口袋里，然后轻轻地走出卧室。子欧等我忙完这一切，才假装睡醒。她从地毯上爬起来，伸伸腰，然后假装惊奇地发现了礼物。

"妈妈，你看，我的床头有一个玩具娃娃，是圣诞老人送给我的节日礼物。我太高兴了！"

"你喜欢吗？"

“我太喜欢了，圣诞老人真好，每年都送给我礼物。”

“好了，这个游戏结束吧。”

“再玩一个假装游戏，我特别喜欢玩假装游戏。”

“那这次又玩什么？”

“让我想想，这次假装我走丢了，我告诉警察叔叔家里的联系方式，然后警察叔叔给你打电话。”

“那我假装什么啊？”

“你先假装警察，当我找到你，你又变回妈妈。”

“好的。”

于是，子欧开始来回在家里走动，然后开始假装哭泣。

假装警察的我走过去问：“小朋友，你叫什么名字？你怎么啦？”

“我叫甜甜，我找不到妈妈啦，呜呜呜呜……”

“小朋友别着急，你能告诉我家里的联系方式吗？”

“12345678。”

“我马上给你家里人打电话，你别着急。喂，是甜甜小朋友的家长吗？你的孩子在这儿，快过来接她吧。”

“妈妈，妈妈，我在这儿！”

“孩子，你可把妈妈急死了，我到处找你。谢谢警察叔叔！”

“妈妈，找不到你我好害怕，可是我又想起你告诉我走丢了应该找警察叔叔，我记住了家里的电话号码。”

子欧妈妈想说

1. 戏剧游戏是众多儿童游戏中的一种，也是深受儿童喜欢的一种游戏。我们小时候玩的“过家家”、警察抓小偷、医生护士给病人看病等游戏，都属于戏剧游戏。

2. 戏剧游戏经验在儿童成长过程中具有非常重要的意义。首先，这些经验可以帮助孩子区分什么是假装的、什么是真实的，可以帮助儿童在现实与非现实之间设定界限。儿童需要大量的想象与现实事物作为刺激，以使他们能够渐渐地学会区分想象与现实，从而可以有目的地穿梭于假想与现实之间。其次，戏剧游戏经验可以帮助儿童释放紧张情绪，假想的世界可以给孩子带来很多快乐。最后，戏剧游戏经验可以满足儿童对于社会的体验和认识，儿童在游戏、模拟中体验和了解社会，一定程度上满足了儿童对于社会职业的认识。

☆给物业公司写评语

2008年11月13日

昨天晚上，物业公司的职员送来一张关于物业服务态度的调查表。子欧要参与调查，在填表的过程中，她的一些话引起了我的思考。

“物业刚给你的是什么呀，妈妈？”

“物业让我们对他们的服务进行评价，让填一张调查表。”

“我可以和你一起来填吗？”

我想，这正是一个给她讲解民主的好机会，民主的意识应该从小就开始培养。于是，我同意她和我一起参与这个调查活动。我们开始填写表格。

“在姓名一栏就写你的名字吧！”

“好的。妈妈，你给我念，我告诉你填什么。”

“第一项是调查你对小区物业的绿化情况是否满意，绿化就是指小区种的花花草草等植物，这里有非常满意、比较满意、一般和不满意四个选项，你选择哪一项啊？”

“非常满意。”

“为什么是非常满意？”

“因为我们小区的树木很多呀，我觉得小区很漂亮啊！”

“嗯，有道理。第二项，你对小区的暖气是否满意？选哪一项？”

“非常满意。”

“我认为应该选择‘不满意’。”

“为什么？”

“我总觉得我们家不是很热。”

“太热了也不是很好，要节约能源。爸爸说只要不低于16度就可以，我们家不都有18度吗。我觉得很好，爸爸也说很好。”

“那好吧，听你的，你说得有道理。第三项，你对小区的电梯运行情况是否满意？选哪一项？”

“比较满意。”

“这一次为什么是比较满意，不填非常满意了？”

“因为有时只开一部电梯，很不方便。有一次等电梯，好不容易等来了，可是人太多了，我都没有上去，所以我填比较满意。”

“那为什么不填不满意？”

“因为我只遇到过一次啊。”

“哈哈！物业最喜欢你这样的业主了！第四项，你对小区的治安情况是否满意？治安情况是指有没有小偷，是否安全。”

“非常满意。”

“第五项，你对小区的卫生情况是否满意？”

“非常满意。”

“第六项，你对小区的停车位情况是否满意？”

“比较满意。”

“这个我不同意，我觉得应该填不满意。”

“为什么啊？”

“因为爸爸下班回家经常找不到停车位啊。”

“还是填比较满意吧，谁让爸爸那么晚才回家，早一点回家就会有车位的。”

子欧妈妈想说

1. 宽容是一种美德，是做人的一种风度和境界。孩子的宽容心是一种非常珍贵的情感，它主要表现为对别人过错的原谅。培养孩子的宽容心，对于孩子个性的健康发展，尤其是情感的健康发展，以及对于孩子良好人际关系的建立有着非常重要的意义。因为富有宽容心的孩子往往心地善良、性情温和，而缺乏宽容心的人往往性情怪诞、易走极端。

2. 儿童的宽容、同情心始于生命的早期。古人说："人之初，性本善。"因此，家长应该重视对儿童宽容心的培养。现在的孩子大多数都是独生子女，从小生活在较好的环境中，很难体会到他人的不幸。在家里孩子享受很多"特权"和"优惠"，父母对孩子疼爱有加，而孩子却自私自利，不懂得关心父母、关爱他人。因此家长要重视从小培养儿童的宽容心。

☆汉字与汉字背后的文化

2008 年 11 月 16 日

子欧上中班的时候，幼儿园就开始教他们认字。在上大班后，她开始表现出对认字的极大兴趣。学龄前儿童学认字，我觉得，孩子如果愿意，在不增加孩子负担的情况下认一些也无妨。家长可以通过多种方式让孩子认字，如让孩子在阅读中认字，让孩子通过周围环境中各种标识、广告牌上的字来认字。子欧除了这些方式以外，还有一种别人不常用的方式，那就是通过汉字造字法来认字。

"子欧，这是勺子的勺字，你看看，觉得它像什么呢？"

"这个字还真的很像一把勺子呢！"

"你是怎么看这个字就像一把勺子呢？"

"这个是勺子的把，这个是勺了的身体。"

"那这一点又像什么呢？"

"这是放在勺子里的好吃的东西啊。"

"你太有想象力了，我怎么就发现不了呢？ 子欧你来看这个字，你觉得它像什么东西呢？"

"我觉得它像一把雨伞。"

"你觉得她像一把雨伞是吗？ 我们拿一把雨伞过来看看？"

"不对，妈妈，应该是一把打开的雨伞。"

"好的，我们把雨伞打开，再来看看。"

“妈妈你看，这个地方像伞的顶部，这个地方像伞的把，这个地方像伞遮雨的地方。”

“真的很像，我以前都没有注意到啊。”

昨天我和子欧经过一家卖烤串的地方，这家烤串的招牌是一个大大的“串”字。子欧看见了大声叫道：

“妈妈，那个字是‘串’字。”

“嗯，那个字真的是‘串’字。只是我很好奇，你怎么会认识这个‘串’字？”

“这个字多好认啊，妈妈，你看这个串字就像一个烤串。”

“子欧，我发现最近你看到一些字的时候，就会去想这个字像什么是吗？”

“是啊！自从你告诉我象形字的认字方法以后，我就喜欢去猜这个字像什么，真有意思。”

“在汉字中，象形字很少，但它们是最基本的汉字，构字能力最强，这些象形字就像是盖房子的砖头，由这些基本的砖头又组成了更多的汉字。在汉字的造字法中，除了象形字外，还有一种很重要的造字法——形声字造字法，如果你掌握了这个方法，就会认识更多的字了。”

“妈妈，你什么时候教我好吗？”

“好的，等下一次我们就学习形声字造字法。你觉得认字有意思吗？”

“我觉得汉字真有意思，一点也不难。”

子欧妈妈想说

根据字形表现的客观物体的形状与汉字相应的具体事物来教儿童认汉字，引导儿童联想，有很多好处。

这些好处主要体现在以下几个方面。首先，让儿童认识了汉字，孩子在学习的时候不会感到枯燥，容易引起孩子的兴趣；其次，可以启发儿童思维，发展儿童的形象思维；最后，把汉字学习和汉字背后的文化联系起来，可以让儿童更好地了解中国文化。

☆为什么没有女总统

2008年11月23日

昨天中午在外面散步的时候，我们聊天谈到前些日子美国进行的总统选举。

“子欧，你知道吗，美国下一任总统是奥巴马，这是刚刚选出来的结果。”

“奥巴马是谁啊？”

“奥巴马是美国下一任总统，也是美国第一位黑人总统。”

“黑人当总统有什么奇怪吗？”

“在美国主要有两个人种，白人和黑人。在美国历史上，黑人的地位一直要比白人低，这就是为什么一直没有黑人当总统的原因。现在，奥巴马当选总统，他的经历告诉我们每个人只要努力去奋斗，梦想就能实现。”

“哦，原来是这样。那我国的总统是谁啊？”

“中国没有总统，中国的最高领导人是主席。”

“为什么中国不是总统，而是主席啊？”

“因为是两种不同的体制，在中国我们叫主席。”

“那中国的主席是谁啊？”

“中国的主席是胡锦涛爷爷啊！中国还有一位总理。”

“中国的总理是谁啊？”

“是温家宝。他们都是男的。”

“为什么这些主席、总统都是男的啊，为什么没有女的啊，我觉得这样不公平。”

“也有，但很少，大部分国家的最高领导人是男的，女的当国家最高领导人是很少的。”

“为什么女的当国家最高领导人很少啊？”

“这个问题比较复杂，与女人受的教育有关，与社会的历史文化也有关。以后妈妈慢慢给你解释这个问题。”

“我认为以后应该改变。”

子欧妈妈想说

1. 儿童是学习的主体，家长不能代替儿童学习，所以，家长在教育儿童的过程中要重视儿童的主体性。当儿童对某项学习不感兴趣时，家长强迫儿童学习，效果是非常差的，只有当儿童对所要学习、讨论的事情感兴趣时，真正的学习才能发生，学习才会高效。如在上面的讨论中，子欧对于奥巴马作为一个非裔黑人当选美国总统没有兴趣，而对于不同性别的人当总统感兴趣，家长就可以顺其自然、因势利导。

2. 儿童对新知识的兴趣和理解往往是建立在原有知识的基础上。子欧对非裔黑人当选美国总统不感兴趣，是因为她不了解美国的文化。相反，子欧对于没有女的国家领导人感兴趣，这与她的知识和理解有关系。因此，为了促进儿童对社会的理解，家长应扩大儿童的经验和知识。这些经验和知识就如同建筑高楼大厦的砖石。

3. 五岁的儿童已经具有了一定的公平观念，但他们对于公平的理解是比较简单的，在他们看来，公平就是完全一样。

☆黄瓜片上的糖哪去了

2008年12月11日

昨天，子欧和我一起做晚饭。子欧做了一道凉拌黄瓜，她在黄瓜片上撒了好些糖。

“妈妈，我要帮你做饭。”

“好啊，嗯，你帮我打鸡蛋吧。”

“这个很好玩。”

不一会儿鸡蛋就打好了，子欧接着说：

“我还能做点什么，只要是与火没有关系的活儿我都可以干啊。”

“那好吧，你帮我切黄瓜吧。”

“好啊！我切什么样儿的？”

“今天的黄瓜是创意黄瓜，你想切什么样的就切什么样的。”

子欧高兴极了。她切了圆形的、三角形的、长方形的，忙得不亦乐乎！

“妈妈，切好了，真有意思。”

“你再完成最后一道工序，给黄瓜撒上白糖吧。”

子欧弄好后，就去玩别的。

吃饭的时候，撒在黄瓜片上的糖早已经融化了，看不见一颗颗的糖粒了。

爸爸故意惊讶地说：

“子欧，你把黄瓜片上的糖都舔光了？ 现在怎么看不见糖了啊？”

“没有啊！”

“那糖哪去了啊，我们怎么看不见糖啊？”

“可能糖被黄瓜片压没了。”

“那你放一点糖在一张纸上，上面压点东西，看看是不是会压没了？”

子欧马上动手验证，之后说：“不会压没了。”

“你好好观察一下，糖为什么没有了？”

子欧仔细地观察黄瓜片的表面，然后说：“黄瓜片表面有很多道口，把糖吃下去了，所以糖没了。 妈妈，我知道了，糖融化了。”

“糖为什么会融化？”

“有水就能融化。”

“这儿哪有水啊？”

子欧仔细观察黄瓜片的表面，然后说：“黄瓜片上有水分，所以撒在黄瓜上的糖被融化了。”

子欧妈妈想说

1. 儿童总是充满兴趣地观察着身边的世界。 对于孩子来说，具备良好的观察能力，能帮助他们发现很多问题，获得更多的知识和经验，这些对于开发智力非常重要。

2. 世界上没有任何一个事物是孤立存在的，任何事物都是相互关联的，因此我们需要通过观察来认识世界。 有时候要观察的对象隐藏于复杂的背景之中，我们需要学会通过细心观察去发现事物的本质和规律。 家长应有意识地培养儿童的观察力，首先从培养观察的兴趣开始，家长可以为儿童选择新奇有趣的事物进行观察训练。

3. 观察是一项复杂的活动，家长应该教给儿童观察的方法。首先，让孩子明确观察目的。孩子在观察中有无明确的观察目的，得到的观察结果是不相同的。其次，要引导孩子掌握观察方法并细心观察，如从简单到复杂、由易到难、由局部到整体、由表及里观察事物。再次，家长应教给孩子用多种感觉器官参加观察活动，如用眼睛看、耳朵听、鼻子闻，有时甚至用舌头尝一尝，只有这样用多种感官，才能使孩子获得更好的观察效果，留下深刻的印象。最后，在观察过程中，家长应向孩子提出问题，引导他们思考，使他们逐步认识到事物的本质。

4. 家长应该创造条件让儿童更好地观察。孩子好奇心强，求知欲旺盛，家长应利用孩子的这一天性，经常带领孩子到大自然中去，让孩子在玩耍中观察万物的变化。

☆我是谁

2008年12月13日

昨天晚上子欧和我聊天，聊到“我是谁”这个话题，我突然想了解五岁的子欧对自我的认识。于是我就让子欧用“我是……”的句式来描述自己。我拿出纸笔记录了以下的句子。

“子欧，我们来玩一个游戏好吗？”

“什么游戏啊？”

“我们一起来说说‘我是谁’？”

“不明白，你说的是什么意思？”

“比如我说，我是欧群慧，我是子欧的妈妈，我是一位老师，我是子欧的好朋友，等等。要用‘我’字开头，说我是什么都可以，越多越好。”

“我是赵子欧。”

“我是爸爸妈妈的孩子。”

“我是6月份出生的。”

“我是女的。”

“我是瑶瑶的妹妹。”

“我是闻闻的姐姐。”

“我是6月底出生的。”

“我是花园里一朵特殊的小花。”

“我是在灯光下出生的。”

"我是爱学习的孩子。"
"我是爱妈妈的。"
"我是幼儿园的小朋友。"
"我是爱美的小姑娘。"
"我是人。"
……

子欧妈妈想说

1. 五岁多的孩子，自我概念开始逐渐发展，自我概念包括对客体自我和主体自我认识两个方面。儿童早期自我概念的特点是具体化的，他们通常用一些可观察到的特征，如名字、外表、自己的角色等来描述自己，是一种客体的自我。比如，子欧在对话中所提到的"我是赵子欧、我是爸爸妈妈的孩子、我是6月份出生的、我是女的、我是瑶瑶的妹妹、我是闹闹的姐姐、我是6月底出生的、我是幼儿园的小朋友、我是人"，就是对客体自我的认识。但同时儿童也开始从主体自我方面来认识自己，如"我是爱美的小姑娘、我是花园里一朵特殊的小花、我是爱学习的孩子、我是爱妈妈的"。但从所有的关于"我是谁"的描述中可以看出，五岁的儿童更多的是从客体方面来认识自我，主体方面也开始有所发展。

2. 引导儿童形成积极的自我概念是儿童社会化教育的重要内容。在家长与儿童进行关于"我是谁"的这种对话中，将会引起儿童对于自我认识的思考，也将在一定程度上促进儿童对于自我概念的发展。儿童发展的自我概念将在一定程度上保证儿童个体内在的一致性及提高儿童对于个体的期望。

☆儿童读物与性别意识的形成

2008 年 12 月 15 日

昨天子欧和欢欢一起看一本书，在看书过程中，他们的一段对话引起了我的兴趣，于是我也加入到他们的中间。

"欢欢，快来看这本书，这本书很有意思啊！"

"好的。"

两个小朋友边看书，边讨论。

"子欧，你长大了干什么啊？"

"我长大了要当警察。"

"哪有女孩子当警察的？"

"女孩子可以当女警察的。"

"阿姨，子欧太有意思了，她长大了想当女警察。"

"欢欢你说说，子欧为什么不能当女警察呢？"

"我没有看过女的当警察的，当警察的都是男的。"

"女孩子长大了也可以当女警察，只是你没有看到罢了。"

"阿姨你看这本书里的警察都是叔叔，没有一个阿姨。"

"现实中当然是叔叔当警察的多，但也有女警察，只是这本书没有画上。看来，这本书考虑问题不是很全面。"

子欧妈妈想说

1. 孩子获取性别意识很重要的一个途径是观察。儿童通过观察身边的人物来获得性别意识，特别是通过对自己爸爸妈妈的观察来获得性别意识。如儿童通过观察发现妈妈通常在家做饭，就会认为当妈妈必须会做饭。

2. 儿童除了通过观察自己身边的人来获得性别意识以外，还通过其他的媒介来获得性别意识，如看电视、看图画书。幼儿读物是反映和传递性别文化和行为规范的重要媒介。在我国的幼儿读物中存在着严重的男女比例失衡现象，幼儿读物中女性出现的概率非常高，有时一整本幼儿读物中都找不到男性的角色，父亲在很多幼儿读物中是缺失的。而妈妈的角色更多地出现在家庭领域中，孩子们看到的更多的是妈妈系着围裙给孩子做饭、给孩子喂饭、带着孩子玩的形象。在幼儿图书中男女在职业分工、活动领域、性格、行为等方面，传统性别刻板印象严重，孩子在不知不觉中就形成了性别意识。因此，为了帮助儿童形成正确健康的性别意识，相关部门应该加强对幼儿读物的监管，家长给孩子购买图书的时候，也应当考虑到这些方面，以利于儿童的健康成长。

☆送孩子两张地图

2008年12月16日

以前我给子欧买过一个地球仪，她很喜欢，经常看地球仪。昨天，我送给她两张地图。

“妈妈，你买的什么东西啊？”

“你打开看看！”

“是地图！你买这些做什么啊？”

“送给你的新年礼物啊！”

“妈妈，我不是有地球仪和中国地图拼图吗？”

“我想把这两张地图挂在我们客厅的墙壁上，方便你天天看地图啊！”

“那好，我帮你挂。”

“子欧，你知道为什么妈妈送你这两张地图作为新年礼物吗？”

“不知道。”

“送你中国地图是希望你胸怀祖国，走到哪里都要记住自己是一个中国人。”

“那送我世界地图呢？”

“送你世界地图，是希望你知道，不仅要胸怀自己的国家，还要放眼世界，要明白在中国之外，还有一个很大的世界，有其他很多国家。”

“是外国。”

“噢！？你告诉我外国是哪个国家，在地图上什么位置？”

“妈妈，你错了，外国不是哪个国家，外国是指中国以外所有的国家，可以指美国，也可以指英国。”

“原来是这样。那你告诉我，你知道哪些外国？”

“我知道美国、英国、日本……”

“能在地图上指出来吗？”

“我都知道，我以前在地球仪上都看过的。”

“你能在中国地图上找到杭州在哪里吗？上次我们旅游去的地方。”

子欧开始认真地在地图上找。

“在这里，你看！”

“那如果坐火车从北京到杭州，需要经过哪些地方，你指给我看看。”

“妈妈，你看图上。要先从北京到山东，再到江苏，然后就到杭州了。”

“你还真不糊涂，呵呵。”

子欧妈妈想说

1. 家长应该送给学龄前的孩子两张地图：世界地图和中国地图。这件礼物将在孩子的成长过程中起到非常重要的作用，它可以加强儿童对于自身与世界的认识，满足儿童认识世界的好奇心。

2. 家长应把地图挂在家里方便孩子看到的地方。我刚开始把这两张地图挂在子欧的房间里，后来发现我们大家看地图的机会很多，挂在子欧的房间不是很方便。于是我又把地图挂到客厅里，地图张贴的高度正好方便子欧观看。子欧很喜欢这两张地图，没事的时候就趴在地图前看。如果我们要出差了，就会指给子欧看，爸爸妈妈出发的地点是在哪儿，从北京出发要经过哪些地方才能到达目的地。如果我们要出去旅游，也会在地图上研究好一会儿。

3. 看地图有利于培养孩子的空间观念。通过看地图，不仅能让孩子知道世界各地的地名，还有利于培养孩子对世界、对空间初步的认识。比如在地图上看杭州和北京的距离非常近，然而坐飞机需要一个多小时，坐火车则需要十几个小时，这样孩子就能明白世界是非常大的。这在一定程度上培养了孩子的空间观念和对抽象事物的理解能力。

☆有输有赢

2008年12月17日

昨天我和子欧聊到了幼儿园的学习，子欧不喜欢上围棋课，原因是每次下棋都会有输赢。

"我们好久都没有上轮滑课了。"

"为什么没有轮滑课了？"

"因为把轮滑课改成围棋课了。"

"原来是这样啊，那你喜欢围棋课还是轮滑课啊？"

"我当然喜欢轮滑课啦！"

"为什么喜欢轮滑课啊？"

"因为轮滑课没有输赢，大家一起滑就行了啊！围棋课总是两个小朋友一起下，总是有输赢的，不是你输就是我输。"

"那么围棋课你是赢得多还是输得多？"

"输得多。很多小朋友都在外面报班学习围棋，我当然输得多。"

"输赢乃兵家常事，不要太在意。输也是一种学习啊，你要是因为怕输就不下围棋了，那你就永远也学不会啊！"

"什么是'输赢乃兵家常事'啊？"

"就是说，输赢对一个人来说是一件很常见的事，你会经常碰到，不要对这些太在意。你们班下棋最厉害的是谁啊？"

"是博涵。"

“博涵与你下棋，你可能会输，可是博涵如果与老师下，他也可能会输。你如果与奶奶或表弟他们下，你一定会赢。所以对于输和赢不用太在意，不能因为害怕输，就不去下棋了。你一定不要害怕失败，只有经过很多失败才能获得成功。”

子欧妈妈想说

1. 人生会面临无数的竞争和考验，没有哪一次竞争可以完全决定我们的一生。对于既定的结果，无论输赢，我们都不要太在意，人的进步在于不断超越自己，而不是和别人比高低。因此家长在评价孩子时，更应看到过程，看到孩子的努力，不能用“谁最乖”“谁第一”“老师最喜欢谁”等只看结果的评价方式来评价孩子。

2. 家长应该引导孩子积极看待竞争，要让孩子知道，无论成功还是失败，父母都最爱他。家长作为引导者应调整自己的心态，很多父母潜意识中充满功利心，希望孩子为自己争气，弥补自己人生的遗憾。殊不知，家长的功利心恰恰是教育孩子过程中最大的障碍，家长患得患失放不下，孩子自然就畏首畏尾放不开，不敢去竞争。

☆给你的语言穿上漂亮的衣服

2008年12月19日

昨晚子欧生病，在医院看病的时候我们给她买了一个玩具，今天她很高兴地拿出来玩。子欧想把玩具里面的塑料陀螺透明圆球拧开，努力了好几次都没成功，于是她要我帮忙。

"妈妈，请你过来帮我把这个球拧开。我迫不及待要玩这个玩具了。"

我过去很快就帮她拧开了。

"我不费吹灰之力就把这个玩具的盖拧开了，宝宝费了九牛二虎之力还是没有把这个玩具的盖拧开。"

"妈妈，爸爸刚才竟然对这个玩具视而不见，差点踩坏了。我对这个新玩具可是爱不释手啊。"

"子欧现在知道的成语还不少呢。你喜欢说话的时候用上一些成语吗？"

"喜欢。"

"你不是喜欢穿上漂亮的衣服吗？你的语言也是一样，它们也喜欢穿上漂亮的花衣服。"

"它们的漂亮衣服是什么呢？"

"我觉得成语、歇后语等就像语言的漂亮衣服，能让一句话变得生动、漂亮。所以你以后说话的时候，也应注意把你的话打扮漂亮一点，穿上漂亮的花衣服。这样别人就喜欢听你说的话了。”

“嗯，太好玩儿了！”

子欧妈妈想说

研究表明，儿童的语言环境越丰富，儿童的语言发展就越快。一些家长由于担心儿童不能理解成人过于丰富的语言，在交流时总使用简单的语言，这样反而不利于儿童语言的发展。其实在语言环境中，儿童对于一些抽象词语是可以理解的。例如，带孩子到公园里玩，出发前可以告诉孩子：“春暖花开了，我们到公园去玩吧。”走在大街上，看到人来人往的行人，可以指着行人对儿童说：“大街上的人好多，真是人山人海啊！”由于处在具体的情境中，儿童很容易就能理解“春暖花开”“人山人海”等抽象词汇。

☆看地球板块图

2008年12月21日

我和子欧在网上买的书昨天送到了，在这些书中，子欧最喜欢的是《缤纷世界儿童地图绘本》。今天早上，我们一起在床上翻看这本书，书的第一页是关于大洲和大洋的板块结构图，这张图引起了子欧的极大兴趣。

"在网上和妈妈一起挑书的时候，我没觉得这本书有多好，现在我才发现我可喜欢这本书了。"

"为什么这么喜欢这本地图书啊？"

"因为它很适合我们小朋友看啊。"

"为什么说它很适合小朋友看啊？"

"这些图画很漂亮，也很有意思。妈妈，你看亚洲、欧洲和非洲是连在一起的，其他的几个洲则是分开的啊！"

"子欧真善于观察啊，是的，亚洲、欧洲、非洲这三个洲就是联系在一起的，它们有一个非常著名的名字，叫亚非欧大陆。"

"大洋洲就像是一个孤零零的小岛啊。"

"从地图上看有点儿像，可实际上大洋洲也很大。"

"妈妈，这些洲好像可以拼插起来。"

"为什么你这样说？"

"你看这一块突出的部分正好可以放在那里，好像还很合适。那一块可以放在这里，这一块可以放在那里，你看，这里突出的和那里缺的部分，拼在一起真的非常合适。"

“子欧你真的很厉害呢！以前有一个人也提出过类似的观点，说地球的这些板块是可以拼在一起的，并提出了著名的大陆漂移说理论。”

“什么是大陆漂移说啊？”

“这是地理学家对地球的构成提出的一种理论假设，地球的大陆结构以前可能是在一起的，后来可能是因为地震等原因，导致大陆分开了。”

“你说的这人是谁啊？”

“是德国人，叫魏格纳。你要是早一百年出生，那这个理论就可能是你提出的，哈哈！我很好奇，你为什么会这样说呢？”

“因为我觉得这些板块就像是我们玩的七巧板啊！看到这些板块，我就会想到能不能把它们拼在一起啊。”

子欧妈妈想说

1. 孩子几乎天生就是科学家、猜想家。在生活中，细心的父母可以发现孩子具有大胆的猜想，而成人由于受到思维定式和已有知识的约束，在这方面往往不及孩子。真理有时就在孩子的大胆猜想和想象当中。科学需要大胆的猜想，猜想是通向科学的第一步。在人类文明的历史上，猜想帮助人们获得了许多真理。人类以自己的智慧和毅力，通过猜想从不同角度推动着科学的发展，促进了人类的进步。

2. 作为家长，我们应该注意培养儿童的科学猜想精神。当然，培养儿童的猜想精神绝不是一朝一夕的事。首先，要培养儿童猜想的兴趣，唯有热爱才能保持积极持久的学习热情；其次，家长应该给孩子创设猜想的情境，让他们多一些游戏、思考的时间。

☆走进孩子的涂鸦世界

2008年12月22日

子欧五岁的时候，参加了一个美术培训班。美术老师每次上完课后，会要求孩子们就某一主题画一幅画。每次子欧都会很认真地完成，并有自己的想法。

片段一：

“妈妈，今天老师让画‘美丽的地方’。”

“你可以画咱们小区，咱们小区的房子很漂亮。”

“不行！”

“你画公园也不错啊，我们经常去的北小河公园多漂亮啊。”

“不行！”

“那你画什么呀？”

“我要画长城！”

“可你没有去过长城啊！”

“我在图画书上见过长城。”

在“美丽的地方”一课上，孩子非要画长城，我建议她画熟悉的小区和公园，她不同意，而她没有见过真正的长城，能画出长城吗？去长城玩是子欧近几个月来经常给我们提出的建议，然而好几次都因为这样那样的原因而作罢。在美术课上，子欧以她的方式表达了自己的愿望——因为她想去长城，所以要画长城。

片段二：

“这次老师说画什么呢？”

“老师说画自己的一次旅游！”

“那你就画我们去杭州旅游，是吗？”

“是的。”

“杭州旅游见过很多事物啊，你想画什么呢？”

“我要画雷峰塔。”

“你为什么不画西湖呢？ 西湖有苏堤和断桥，还有三潭印月的美景。”

“雷峰塔有意思，我喜欢雷峰塔。”

在“我的旅游”一课上，子欧画了雷峰塔，雷峰塔是子欧杭州之旅中最感兴趣的景点，原因是有美丽的白娘子的传说故事，所以她在雷峰塔上玩得最开心，并坚持爬上了最高点。

片段三：

“这次老师让画什么啊？”

“今天老师让画我最喜欢的电视节目。”

“那你准备画什么电视节目？”

“当然是‘奥运向前冲’了。”

“可这个节目太大，你怎么画啊？”

“我要画一个小孩在水里摸手机。”

“为什么要画这个啊？”

“因为这个最滑稽。”

“奥运向前冲”这个节目要画出来，可不容易，但子欧画了她最喜欢的一个镜头：一个小孩在水里摸手机，这是这个节目中她最感兴趣的一个场景。

子欧妈妈想说

1. 儿童可以通过多种方式来表达她的情感，如语言文字、绘画、舞蹈等。对于学龄前儿童来说，由于语言受到词汇量少的影响，在一定程度上限制了他们的表达。绘画则可以弥补语言表达的不足，可以使儿童自由地表达自己的内心世界：她的希望、她的喜爱、她的疑惑、她的恐惧等。

2. 成人在看儿童的画时，不要用成人的眼光、成人的标准来评价。看孩子的画并不是看他画得像不像，而是要听他讲画中所表达的东西，理解她在画中所诉说的内容。孩子用画来说话，在画中孩子讲述了自己的感受和发现。因此，家长要学会“听”孩子的画，认真听孩子讲解所画的内容。但要注意，当孩子专心于绘画时，家长不要随意打扰，更不能指指点点，甚至直接插手，这样会妨碍孩子思想的表达。

☆菜单游戏

2008年12月23日

最近我们小区楼道出现了很多小广告单，子欧最喜欢这些小广告了，一般都会拿回家玩上一阵子。今天插在门缝里的是一张比萨的广告，广告上除了比萨外还有其他的一些风味小菜和饮料介绍。子欧研究了一会儿后，要求我和她一起玩一个游戏。

“妈妈我们玩点餐游戏吧。”

“好啊，怎么玩啊？”

“我假装是来饭店吃饭的，你是饭店的服务员，给我介绍各种好吃的。然后，我开始点餐。”

于是我们开始玩游戏。

“我们店的特色菜……”

“妈妈，你帮我拿支笔来，我好在我选择的菜单上画圈。”

我开始介绍各种各样的菜，子欧煞有介事地在捡来的小广告上画圈。过了一会儿，她把“点好”的菜单递给我。

“请问这些就是您点好的菜，是吗？”

“是的，注意菜里不能放辣椒。”

“这个游戏玩完了吗？”

“玩完了，再来一次，太好玩了。”

“不玩了，不玩了……”

子欧不等我说完，马上接着点菜。

"你们的比萨不错，很好吃，我今天把我爸爸妈妈都带来了，这些天他们太忙了，不想做饭。请把菜单给我，给我介绍你们有什么好吃的。"

于是我又把菜单和笔递给她，给她介绍了今天的特色菜和特价菜。她挺像回事地又开始点菜了。这次，还要了一瓶果汁。

第二轮游戏玩完后，她又来了第三次。

"你为什么天天来我们店吃比萨啊，你这么喜欢吃比萨吗？"

"我以后要去美国上大学，我现在得适应美国的生活，得多吃比萨啊。"

"原来是这样啊！欢迎欢迎。请问，你现在适应了美国的生活了吗？"

"吃比萨已经适应了，但我还是不习惯用刀子和叉子吃饭。"

"你是不是住的地方离这儿很近，经常过来吃啊？"

"是啊，我还没有买房子，住在妈妈家里，离这儿很近。"

子欧一边说一边比划着用叉子吃饭的样子。直到这个菜单上所有的菜都被她画了一个遍，这个游戏才算完。

子欧妈妈想说

1. 游戏对于儿童来说，具有特殊的意义。游戏就是他们的生活，就是他们的学习。在游戏的过程中，孩子同周围的环境发生接触，并不断获得新的知识，孩子的身体和心理各方面的能力也得到锻炼和发展。孩子能从游戏中扩展其自身的感觉能力，能从游戏中发展对他人情感的理解能力。当孩子在喂她的布娃娃吃饭时，她不仅在实践从家长那里学到的很多行为，而且也在实践对他人的情感体验。

2. 现今的很多孩子都没有玩伴，因此家长常常被儿童要求参与游戏。这种时候，家长应注意以下几点。首先，不要挫伤孩子玩游戏的积极性和孩子对你的信任感，不可用孩子无法接受的态度回绝孩子，让孩子失望。如果父母不想参与游戏，也应用比较婉转的话语或用激励的方法，让孩子自己玩游戏。例如，可以说："妈妈有点不舒服，想休息一下""你玩得很好，让我看看你怎么玩的"等。其次，家长不可欺骗孩子。家长如有其他事情要干而无暇参与孩子的游戏，可对孩子讲明："你先玩，妈妈把手里的活儿干完就和你玩。"既然答应了和孩子玩游戏就要真正参与进去，不能应付，以免孩子对你产生不信任感。最后，家长是否参与游戏也应具体问题具体分析。当孩子因角色需要或缺少游戏伙伴而请求时，家长应参与进去，并全身心投入。如果是因孩子依赖性过强而请求父母参与游戏时，家长可不参与，并可利用这一机会培养孩子的独立性，告诉孩子："你在这儿玩，妈妈在这里做事。"

☆给我买一些书吧

2008年12月24日

每天晚上睡觉前，子欧都会挑一本自己最喜欢的书翻看，睡觉的时候，再把书整齐地放在枕头旁边。前天，我在幼儿园观看他们的活动时，发现子欧也是在图书阅读区域活动，表现出对书籍的热爱。今天我问子欧想要什么作为新年礼物，她提出想要书作为自己的新年礼物。以前在给子欧买礼物时，我一般都会征询她的意见，她的要求无非就是玩具、吃的和漂亮的衣服。今天的子欧让我感到她又长大一些了。

"子欧，元旦节快来了，妈妈还没有给你买新年礼物呢，你想要什么礼物？"

"让我想想，等下告诉你。"

"要不给你买一件新羽绒服，就像甜甜的那件一样，很好看的。"

"不要。"

"那买玩具吗？你要玩具也行。"

"妈妈，我觉得今年你还是给我买一些书吧！"

"啊哟！这是你第一次提出要把买书作为自己的礼物，值得祝贺！为什么想把书作为新年礼物呢？"

"我还是觉得买书更好，买好吃的一会儿就吃完了。"

"那新衣服呢？"

"我要是没有衣服穿了，你是一定会给我买的，就不要用衣服作为新年礼物了。"

“你还鬼精灵呢！ 那玩具呢？”

“现在我也没有什么特别想要的玩具，买书可以经常看。”

“那好，今年的新年礼物我们一起买，你来选购你喜欢的书好吗？”

“好的，一定要买我喜欢买的书，我说买哪一本就买哪一本。”

“好的。”

子欧妈妈想说

1. 阅读对人成长的重要性是不言而喻的，让孩子爱上书、爱上阅读，是很多家长的心愿。 那么如何才能让孩子喜欢书呢？ 对于五六岁的孩子来说，首先要培养他对书的亲近感。 子欧从一岁多的时候，我们就给她买各种各样的绘本，有时我们给她讲，有时她自己翻看。 子欧两三岁的时候我们给她订了《幼儿画报》《嘟嘟熊》等儿童读物。 读书的时间对子欧来说就像过节一样高兴，因为可以听到很多新故事。 子欧四五岁的时候，我们还在社区里给她办了一个借书证，这样她可以看到更多的书。 在她五岁的时候有了自己独立的书桌和书柜，书柜里摆放了很多她最喜欢的书。

2. 培养孩子对读书的兴趣，家长本身也应该喜欢读书。 不爱读书的家长，是难以培养出爱读书的孩子的。 因为家长喜欢读书，这对孩子会有潜移默化的影响，孩子生活在这样的环境中，自然会喜欢读书。 特别是对于学龄前儿童来说，因为孩子不识字，所以家长更应抽时间给孩子读书、讲故事，这样不仅能促进亲子间的感情，还能培养孩子的阅读习惯。

☆学统计

2008年12月28日

昨天，北京出现少有的大风降温天气，我们一家人都没有出门。子欧有些无聊，拿着日历看，与她爸爸讨论还有几天过元旦。

“爸爸，还有几天就过元旦了？”

“今天是28号，你算算。”

“还有三天，就过元旦。”

“这个月大，有31天哦！”

“那还有四天，才是元旦啊！”

“子欧，你可以看看一年中哪些月大，有31天；哪些月小，有30天。”

我在纸上给子欧按顺序列下12个月，子欧翻着日历，填写每个月的天数。不一会儿，她就统计好了。

“妈妈，大月有1，3，5，7，8，10，12月共7个月，小月有4，6，9，11月共4个月。2月很特殊哦，不是30天也不是31天。”

子欧很得意。

“子欧，我把家里人的生日都列出来，你统计一下，看看外公、外婆、大舅、小舅、表姐、表弟、我和爸爸、你自己的出生月份是大月还是小月。”

“好啊，好啊！”

我给子欧列了一个表，她开始统计每个月家里有哪些人过生日。很快她就统计好了。

“子欧你做得真快，下面你按照家里人过生日的先后顺序排一下，好不好？”

“好的。”

子欧不一会儿就排好了，她高兴地说：“我们家小表弟二月出生，他最先过生日，然后是妈妈，我排第三，爸爸最后。”

子欧妈妈想说

1. 生活是孩子学习数学知识的最佳课堂，家长应从生活中积极引导孩子学数学。家长可以在生活中创设一定的学习情境，让儿童在实践中发现问题和提出问题，在实践活动中理解知识、掌握知识。儿童学习的内容和他熟悉的生活背景越接近，他自觉接纳知识的程度就越高。

2. 家长可以在日常生活中开发儿童的数感。数感并不仅仅是会数数，数感是一种数学素养，是一个人对数与运算的感觉、感受乃至感情。有了数感，就能很轻松地用数字思想和工作，并理解数的各种用途和数字间的关系。家长设计一些计数、统计等活动有助于培养孩子对数学各方面的理解能力，培养孩子的数感与计数能力。

3. “图表能力”包括阅读图表信息、解释图表信息的含义和制作图表的能力。儿童对图表的认识和理解有助于儿童完成入学后的数学学习。因此家长可以有意识地为儿童创造机会，可通过设置具体明确的任务，引导儿童使用图表来解决自己遇到的问题，以帮助儿童理解和运用图表，进而促进他们解决问题能力的提升。

☆带孩子去农村

2008年12月29日

子欧三岁的时候曾经跟随外公外婆在农村生活了两个月。今年寒假，我想再一次带子欧去农村生活一段时间。

“今年寒假我想回老家，你愿意跟我一块儿回去吗？”

“当然愿意。”

“老家条件没有北京好，你能习惯吗？”

“我能习惯，老家很好玩啊。你不记得啦，三岁的时候我回过一次，我记得很好很好玩。我就是不喜欢老家的厕所。”

“我想我们应该好好规划一下这次回老家之行。”

“我们准备去哪些地方玩啊？”

“就在老家和老家附近的一些地方玩呗。我们去看看老家的树木、河流；去看看老家的村庄；去看看老家的亲戚朋友；还有老家的动物，有小鸡、小鸭、小狗，猪啊、牛啊，好多好多的。”

“老家就是一个动物园。”

“为什么这么说呢？”

“到处都是鸡、鸭、狗，它们到处乱走，就像是一个没有笼子的动物园，特别好玩。”

“哈哈！你这么一说，还真有点像呢。”

“我们还怎么玩啊？”

“我们去爬山，听松涛的声音；去赶集，看耍龙灯；去摘菜……”

“我要去地里拔萝卜，特别好玩。什么是耍龙灯啊？”

“耍龙灯是当地春节的一种娱乐活动，也叫‘舞龙’，很热闹！”

“妈妈，你们小时候玩什么啊？”

“我们小时候可比你们好玩多啦！我们到处捉蝴蝶、蚂蚱，玩过家家、滚铁环、跳绳等各种各样现在你们不玩的游戏。我们小时候除了玩，也帮家长干很多很多的家务活，如做饭、洗衣、打猪草、烧火等。

“你喜欢做那些家务活？”

“也没有想过喜欢不喜欢，但家长忙，每个孩子都要帮着做事。”

“你外婆电话里告诉我，老家发生了很大的变化。回家的路再不是泥泞的了，村里有一条笔直宽阔的水泥路；村里盖起来了很多新房子。现在农村变化很大。”

“我很喜欢外婆家的房子，外婆家的房子就是别墅啊！有两层，还有院子。就是不喜欢外婆家的厕所，没有水冲，好臭！”

“老家还有很多和你差不多大的小朋友，你可以和他们玩。”

子欧妈妈想说

农村是一个能让儿童亲密接触自然、获得各种在城市不能获取的知识的地方。如果有条件，一定要带自己的孩子去农村生活；如果没有条件，也一定要创造条件让孩子拥有在农村生活的经验。如果你的孩子还不明白稻谷和米饭之间的关系，如果你的孩子还没有观看过母鸡生蛋的过程，如果你的孩子还没有看过井里的泉水是如何咕嘟咕嘟地冒出来，如果你的孩子还不知道蔬菜与土地的关系，还没有体验过从土壤中拔出萝卜的快乐，请你一定带孩子去农村看看。虽然现在很多孩子在电视上或者在书上都能看到农村，但他们不能真正领会到；虽然一些家长会带孩子去农家乐玩，但这种游玩没有真正地深入。因此最好要让孩子有一段较长的时间生活在农村。这样的经历会给孩子很多收获，如他可以在农村认识很多植物、动物，可以感受到一种完全不一样的生活方式和另一种风土人情。

☆如何让上小学变成子欧的期待

2008年12月30日

还有半年多的时间，子欧就要上小学了，如何让上小学变成子欧的期待，是我现在的一个重要任务。

“子欧，还有半年多你就要上小学了，小学的老师会教你们学习很多有趣的东西，你肯定会很喜欢的。”

“老师要教我们什么有趣的东西啊？”

“你看，现在你有很多字都不认识，所以看书的时候，还需要妈妈讲给你听。上小学后，老师教你们学拼音、认字，你学会认字后，什么书都可以看懂啦，就可以不依赖妈妈了，这多好啊，学会认字这个本领非常重要啊。”

“那什么书我都可以看懂了，我就不要爸爸妈妈给我讲故事了。老师还教我们什么呢？”

“老师还要教你们数学啊，你学了以后，去超市买东西，就知道要给多少钱，也知道营业员要找你多少钱啊，这很有用啊。”

“那小学与幼儿园有什么区别啊？”

“小学有课间休息。每上完一节课，就有课间休息时间，小朋友就可以在操场做游戏、玩。”

“那什么游戏都让玩吗？”

“对啊，你喜欢的游戏都可以啊。老师也不会像幼儿园的老师一样，一直跟在你们后面，你们不是都长大了吗！”

“那太好了！”

“你还记得前不久我们在小区里看见一个小姐姐在玩的那个玩具吗？那个玩具就是小姐姐在学校的“牛顿班”里自己做的。多么能干的小学生啊！你上小学以后，也能像她那么能干，你喜欢吗？”

“喜欢，我也要做一个小姐姐那样的玩具。”

“上小学以后，如果表现好，还可以评上少先队员，系上红领巾，神气极了。”

“那我肯定能评上。”

“你在小学还可以认识更多的小朋友，这样就有很多新朋友了。”

“老师会喜欢我们吗？”

“小学的老师也都会像妈妈一样喜欢你们的。因为你们都很可爱啊。”

“小学还要分男厕所、女厕所，不像幼儿园，小朋友都在一个地方上厕所。”

“这样啊，那我们就不用和男孩子抢厕所了，哈哈！”

子欧妈妈想说

1. 儿童的幼小学衔接一直是很多家长们所关心的问题，家长们都不希望自己的孩子输在所谓的起跑线上。因此家长有责任在儿童入学之前进行相关的教育，以帮助孩子适应未来的小学学习！幼小衔接是一个长期的过程，整个五至六岁阶段都是实施幼小衔接的过程，家长作为孩子的“第一任”教师，应根据孩子的不同情况、不同阶段进行有针对性的教育，以帮助孩子顺利适应未来的小学学习。

2. 在幼小衔接教育中，家长更应关注孩子性格的培养和良好行为习惯的养成教育，而不要一味地追求知识的灌输。从目前的情况来看，大部分孩子幼小衔接不畅通的原因在于父母盲目地追求知识的灌输，而忽略了对孩子良好行为习惯的培养。比如，孩子是否开朗，是否愿意与人交流，在与人交流的过程中是否学会了倾听和表达等。另外，家长还要注意培养孩子与人合作的精神。比如，能与其他孩子一同分享自己喜欢的东西，一起做游戏等。

3. 在孩子入学前，家长可以带孩子走进未来小学的校园，有条件的话还可以走进小学一年级课堂，让孩子亲身感受一下小学校园的氛围，加深对学校的概念，对学校生活产生向往之情。这样，孩子在进入小学时就会消除紧张心理。如果不能，家长可以通过与孩子的聊天，告诉他未来的小学生活会是什么样的，使孩子对小学生活充满向往。

4. 家长应该让学龄前儿童对上学产生一种渴望、期待的感觉和情感。一些家长在面对即将上小学的小朋友时，经常说“上小学后，小夹板就背上了，就没有时间玩了”“你不听话，小学老师就会收拾你”，碰到孩子不会的事情，家长就会说“到上小学，你不会擦屁股，谁能帮你”。家长的这种着急的心情可以理解，但这样的表达容易导致孩子对小学产生不好的印象，使他们还没有上小学就开始对上学有抵触情绪。因此，家长应该和孩子交流上小学后的一些有趣的事情，比如“上小学，就会有好多新的同学，会有好多新朋友了”“上小学后，可以学到很多新本领”等，这样孩子就会对上小学形成一种积极的态度。

☆我喜欢古代

2008年12月31日

前两天子欧看了少儿频道的一场辩论赛，辩论的题目是“现代好还是古代好”。子欧很激动，一边看一边积极地表达自己的想法，完全融入到电视节目中去了。今天早上，子欧重新提出这个话题要与我辩论，说她喜欢古代。

“妈妈，我喜欢古代。”

为了配合子欧，我只得说我喜欢现代。

“我喜欢现代。古代有什么好啊？”

“古代没有这么多人，空气环境都好，我就不会老感冒生病了。”

“现代好，现代有电脑，没有电脑我都没法生活了。”

“电脑对眼睛不好啊。”

“现代有飞机、汽车多好啊，想去哪儿就去哪儿。”

“古代也有轮船啊。以前还有恐龙，现在东北虎、熊猫都快灭绝了，我不喜欢现代。以前仙鹤到处飞，现在没有了。”

“现在还有巧克力、蛋糕吃。”

“吃这些东西，把牙齿都吃坏了。”

“现代好！你看鸟巢和水立方多漂亮啊。”

“我们以前建的长城、圆明园、故宫多漂亮啊，比鸟巢漂亮多了。长城还可以用来打仗。我讨厌那些外国人，他们把圆明园的宝藏都抢走了。”

子欧妈妈想说

1. 学龄前期是孩子学习语言的关键期，家长要把握这个时机，采取科学的方法和态度去培养和锻炼孩子的语言表达能力。儿童语言的发展与其情感、经验、思维、社会交往等其他方面密切相关。因此，发展儿童口语表达能力的重要途径是通过相互渗透的领域的教育，在丰富多彩的活动中扩展儿童的经验，为儿童口语的发展提供条件。培养儿童的语言表达能力的方式方法很多，家长可根据孩子的实际情况，有选择地采用，随时随地、形式多样地对孩子进行训练，最大限度地提高孩子的口语表达能力。

2. 随着年龄的增长，儿童渴望表达的欲望也越来越强烈。他们渴望表达对世界的感受，对自然、社会、自我的感受。家长要给儿童提供充足的表达自我的机会。

☆放屁的故事

2008年12月31日

晚餐时我让子欧多吃红薯，她吃了一点儿就不愿意吃了。

“你多吃一点儿红薯，红薯是非常好的一种食物。另外，红薯吃多了可以放屁的哦，今天晚上我们比比谁吃的红薯多，谁放的屁声音更大。”

子欧听了高兴极了，为了晚上好放屁，把一大碗红薯全吃了。晚上，我们躺在床上，开始一边假装放屁，一边编放屁的故事。

“我吃的红薯太多了，放了一个大屁，这个屁太有力了，把我冲出房顶，一直绷到空中。然后我拽住一朵云，把云当被子，舒舒服服地在空中睡了一觉，还和月亮、星星聊了一会儿天。后来我想回家了，就又放了一个屁，屁又把我带回来了。”

“圣诞节那天，我、你还有你爸爸都吃了很多红薯，那天我们一起坐公交车出去玩，不巧的是我们三人同时放了一个屁，这三个屁的力量太大了，把公交车都震得爆胎了，司机下去检查是怎么一回事，吓得我们三人都不敢吭声。那一天正好圣诞老人也坐在我们的车上，因为北京没有下雪，他不能坐雪橇，结果那天好多小朋友没有收到圣诞老人的礼物，因为他坐的公交车爆胎了。”

子欧听了哈哈大笑，在床上滚来滚去。

“妈妈，这些故事太好玩了。我们再来编，再来编放屁的故事。”

我们又编了很多关于放屁的故事，终于安静下来了。子欧突然开始评价我了。

“妈妈，你怎么像个孩子啊。”

“为什么说我像个孩子啊？”

“你说话的声音像个孩子。”

“还有吗？”

“你还老爱跟我玩，像个孩子一样地玩。有时候你的想法也像一个孩子。”

“你喜欢我像个孩子吗？”

“太喜欢了，这样你就是我的好朋友。”

“我也喜欢像个孩子，这样我会和你一样小，这是多么美妙的一件事啊。另外，孩子们都是很有想象力和创造力的，我很喜欢。干脆我当你的姐姐算了，我不想当妈妈了。”

“这可不行，你本来就是妈妈，做游戏的时候再当小孩子吧。”

子欧妈妈想说

1. 孩子们一直对谈论与屁、大小便有关的事情很感兴趣，只要一有机会说起这些，就会兴奋不止、狂笑不止。家长越不让他们说，他们越要说。

2. 有些家长认为和孩子一起讲有关屁的笑话和故事，会有损家长的威信，导致孩子不听话，不服家长管教。其实，这样的游戏是一种代际交往和沟通的重要手段，家长利用空闲时间与孩子一同游戏，可以让孩子生活在轻松、愉快的气氛中，这样不但可以密切亲子感情，还有利于家长有效地引导教育孩子。

☆一个男孩亲了我

2009年1月1日

昨天，子欧的幼儿园小朋友小清的妈妈带着小清来我家玩。小清的妈妈悄悄地告诉我，小清在家里说，班上有一个男孩子亲了子欧一下，子欧也亲了那个男孩子一下。

“子欧，你们班上有没有小朋友相互亲脸的啊？”

“妈妈，今天××亲了我一下，但我没有亲他，我给了他一个飞吻。（子欧用手比划着说）我们小朋友之间要是喜欢谁，就可以这样啊。我们经常这样的。”

“哦，子欧以后要记住啊，和小朋友之间不要相互亲吻。”

“为什么啊？”

“因为相互之间亲吻是一种非常不卫生的习惯，容易传播细菌。平时只有家里人才能亲你，其他人都不能亲你。爸爸妈妈也不能随意亲你，如爸爸妈妈没有刷牙的时候、生病的时候都不能亲你。你知道了吗？”

“我记住了。”

“小朋友之间表示友好，可以握手、拉手、拍手。一些外国人喜欢见面亲吻，我们是中国人，更习惯用握手这种方式表示友好。”

“那哪种更好？”

“不能说哪种好，哪种不好，用握手等方式表达喜欢更卫生，更适合小朋友们。”

子欧妈妈想说

孩子之间互相拥抱、亲吻的行为，纯粹是对大人行为的模仿，家长完全没有必要大惊小怪。家长要学会平静地看待孩子之间的亲吻游戏，这只是他们表达友谊的一种方式。家长更不要把孩子想得太复杂，毕竟他们还只是孩子。

国家图书馆为什么没有孩子的图书

2009 年 1 月 2 日

昨天我要去国家图书馆查资料，子欧也想跟着去，我告诉她小孩儿不能去国家图书馆，子欧说这是不公平的。

“今天我要去国家图书馆查资料，准备论文资料。”

“我也要跟你一块儿去。”

“小孩儿不能去图书馆。”

“小孩儿为什么不能去图书馆？”

“图书馆是看书的地方，我去图书馆看书，因为妈妈要写论文，需要去图书馆查资料啊！”

“我要去，你去图书馆看书，我也去图书馆看书，我一定不打扰你。”

“图书馆好像不太适合孩子去。”

“为什么不适合孩子去啊？ 我也去里面看书。”

“因为图书馆里没有小孩子看的书啊。 这是大家的图书馆，为什么大人能去，有书看，我们小孩儿就没有呢？ 这不公平啊。”

“听你这么一说，我也觉得国家图书馆在这方面考虑欠妥，为什么孩子不能去图书馆啊？ 为什么没有孩子们的读物？ 你说得很对。 可是规定就是这样的啊！”

爸爸走过来说："国家图书馆主要是为做研究等方面服务的，让孩子进去像什么话。"

"孩子也是社会的公民，凭什么国家图书馆作为国家的最权威和藏书种类最多的图书馆，偏偏就忽略了孩子，孩子也有阅读的权利啊。这确实也是一种不公平的规定。"

"这就是不公平的规定。"

"对啊，不公平的规定。"

爸爸说："去年6月《京华时报》就发表了一篇评论，一个七岁的孩子被拒绝进入图书馆看书，理由是未满十八岁。工作人员说，因担心未成年人自控能力差，不能很好地遵守图书馆的规定，并且国家图书馆大部分藏书不适合孩子阅读。看来和子欧一样，想去国家图书馆的孩子还有很多，我觉得国家图书馆确实应该为孩子单独设立适合他们的图书室。"

子欧妈妈想说

1.尽管现在的孩子在家里地位都很高，但社会还是容易忽视孩子的权利和需求，很多孩子的权利没有被考虑到。非常高兴的是，后来没多久这个问题就解决了，国家图书馆开辟了儿童图书馆。我们在得知这个消息后，还特地去了一次，子欧感到很开心。

2.家长可以通过一些事情告诉孩子，在社会生活中有很多不公平的现象，人们在不断追寻获得更多的公平和自由的过程中，也促进了社会的不断进步和发展。

☆人人呼，应勿缓

2009年1月18日

子欧在幼儿园背过《弟子规》，知道《弟子规》中有：“父母呼，应勿缓”这句，我曾给她解释过这一句的意思。今天我在老家的楼上玩，她在楼下喊我，因为当时有事情所以没有回应她。后来子欧上楼找我，很生气的样子。

“妈妈，我刚刚喊你了，你为什么不答应？”

“对不起啊。因为当时很忙，所以没有来得及答应。”

“我喊的声音很大，应该能听见啊。妈妈，你不是说‘父母呼，应勿缓’吗？这可是《弟子规》教我们的。”

“那是说‘父母呼，应勿缓’，不是说别人呼，应勿缓啊。你是我的女儿，我是你的妈妈。我呼喊你，你应该马上答应，而不是你喊我，我必须马上答应。”

“太不公平了！”

“为什么太不公平了？”

“我们都是平等的，都应该是别人一喊你，你就必须答应。我觉得应该把《弟子规》里的这一句改改。”

“那你说改成什么？”

“改成‘人人呼，应勿缓’，而不是‘父母呼，应勿缓’。”

“哈哈，这样改更好。”

“以后我喊你，你也要马上答应好吗？”

“好的，以后再也不会这样，除非我没听见啊。”

子欧妈妈想说

民主是每个人经历的东西，而不是听别人讲授的东西。为了培养孩子的民主意识，家长一定要营造民主平等的家庭环境。每个孩子都是一个独立的个体，都有权利表达自己的愿望和要求，父母必须尊重孩子，做孩子信赖的朋友，耐心倾听孩子的想法。家长在家庭的一些重要事情的决定上应该多征求孩子的看法和建议，孩子说得对的意见应积极采纳，不对的让孩子知道父母的正确想法，使孩子心悦诚服地接受父母处理某事所作出的态度和行为。另外，家长可以举行民主的家庭会议，在会议中大家可以进行批评与自我批评。

☆倾听大自然的声音

2009年1月22日

今天下午的太阳真好，我们一起沿着老家的小河边和大自然进行了一次亲密接触。我让子欧倾听大自然的声音，然后让她告诉我听见了什么。这个过程非常美妙。

“子欧，现在我们都闭上眼睛，来听听大自然的声音！”

“怎么听？大自然有什么声音？”

“你只要认真听，就会听到，然后你把你听到的声音告诉我。”

我们俩闭上眼睛坐在草地上开始认真地倾听。

“妈妈，我听到小鸟的歌唱声，小鸟在欢快地歌唱。”

“嗯，我也听到了。”

“我听到小溪哗啦哗啦的歌唱声。”

“嗯，小溪也会歌唱。”

“我听到风吹树叶的声音，沙沙沙的。我还听到村里小狗的叫声了。妈妈，你听到什么声音了？”

“我听见了松涛的声音。”

“什么是松涛的声音？”

“你听，就是那种风吹过松树林的声音，你要用心听才能听到。听到了吗？”

“听到了。”

"你还听到了什么声音？"

"我好像还听见了虫子的叫声。"

"喜欢听吗？"

"喜欢。"

"大自然中有各种各样的声音，特别好听，就像是一场永远也不会停歇的音乐会。大自然真是太奇妙、太美妙了。但是如果你不用心，不静下心，你可能听不到。这是一种很奇妙的感觉。你能体会到吗？"

"我能体会到。"

晚上在老家的土灶前生火，木柴在灶膛里发出噼噼啪啪的声音，甚是好听。

"子欧，快来，有一场在灶膛里举行的音乐会！"

"在哪？"

"在灶膛里的音乐会，快来听！"

"你又开什么玩笑吧！"

"你听柴火在灶膛里发出噼噼啪啪的声音，是不是像一场音乐会？你听杉树枝燃烧时发出一种节奏很快的噼里啪啦的声音，竹枝则会发出另一种声音，尤其是竹节爆炸，就像鞭炮一样'砰'的一声。松针燃烧的时候发出的是一种很细微的声音，如果你不认真听就听不到。还有一些树叶燃烧的时候，发出一种很响、节奏很快的声音。"

"竹枝燃烧的声音像大鼓的声音，有些树枝在烧的时候，发出的声音像钢琴的声音，有些树枝燃烧的时候发出的声音像是喇叭的声音。"

"你说是不是很像一场音乐会啊？"

"是很像，很有意思。"

"是不是很美妙啊？"

"是很美妙，让我来烧火吧，我也来听听这样的音乐会。"

子欧妈妈想说

1. 世界上的各种关系千丝万缕、错综复杂，然而如果对这些关系进行条分缕析，我们会发现世界上的各种关系不外乎三种，那就是人与自然的关系、人与社会的关系、人与自我的关系。在这三种关系中，人与自然的关系是最根本的关系，人是自然的孩子。在人的早期阶段——童年，人与自然的关系表现得更为突出。因此家长在教育儿童的过程中，应注意培养儿童尊重自然、保护自然的意识。

2. 人类生活的和谐，有赖于人类社会同自然界的和谐。这样一种和谐感，在孩子很小的时候，就应该让他们去体验、去感受。

☆一个出口就可以了

2009年1月23日

子欧在老家的时候很不习惯老家的那种旱厕所，怕掉下去，所以她上厕所的时候一般要我陪她。昨天子欧在厕所里大便，她在里面蹲着，我在外面等着。

“妈妈，我的臭臭是从屁股后面的那个洞洞里拉出来的，是吗？”

“是啊，屁股后面的洞专管拉臭臭，它有一个大名叫肛门。”

“妈妈，那我的尿是从前面的那个洞洞里尿出来的，是吗？”

“是啊，前面有一个专管尿尿的口，它也有一个大名叫尿道口。”

“妈妈，我觉得一个洞洞就够了，臭臭和尿可以从一个出口出来，干吗分成两个出口，多麻烦啊。”

“那可不行，每个出口都有各自的作用。在你的身体下面有三个口，它们分别是肛门、尿道口和阴道口。屁股后面拉臭臭的是肛门；尿道口是专管尿尿的；而阴道的主要作用是为女孩长大了要当妈妈准备的。爸爸的精子就是在妈妈的阴道里和卵子相遇的，然后受精卵才来到妈妈的子宫里长大。当小宝宝在妈妈的子宫里长大后，就从妈妈的阴道口生出来，这个过程叫自然分娩。”

“噢，那前面的洞洞就不只是管尿尿的啦。还有小宝宝也要从那个口出来啊？”

“尿是从尿道口出来的，小宝宝是从阴道口出来的，这可不同呢。”

“那我也是从那儿出来的吗？”

“你本来也应该从那儿出来，可是妈妈在生你的时候，出了一些问题，你是剖腹产的。”

“我知道了，你以前给我讲过，是从你的肚子上拉开一个口子，然后从肚子里面抱出来的。妈妈，你知道我为什么不从你的屁屁里出来吗？”

“为什么啊？”

“因为我觉得从屁屁里生出来太臭了，所以我要从你的肚子里直接出来。哈哈哈哈！”

“@##¥%”

子欧妈妈想说

儿童性教育的主要场所是家庭，家长是儿童获取性知识的第一任老师，是性健康教育的具体实施者。调查表明，孩子从家长那里得到的性知识普遍较少，他们的性知识更多的是从网络和图书中获得。造成这一现象的原因除了部分家长的观念守旧之外，还与家长性健康教育知识的缺乏有关。家长可以通过参加培训班、听性健康教育讲座等形式增长知识，并习得一些对孩子进行性教育的方式、方法。

☆我们的创意发明

2009年2月17日

今天下午我和子欧在家里展开关于创意发明的讨论。我说我的创意，她说她的创意。我觉得这个过程非常有意思。

“子欧，我们来玩一个创意发明的游戏好吗？”

“怎么玩？”

“我们来说说自己想发明一件什么东西，越有新意越好。”

“好，你先说。”

“好，我先说。我一直想发明一个发射器，如果想到哪儿，只要按一下发射器，就可以轻松快捷地到达，多好啊，也不用坐汽车、火车、飞机啦。我就可以经常回老家看我的爸爸妈妈了。”

“这不就是飞机吗？”

“比飞机要快、要好才行。说说你的。”

“我想发明一个折叠玩具，到外面玩，打开是一个玩具，折叠一下又是另一个玩具，在家里还不占地方。”

“这不错！这样买一个玩具，可以当成几个玩具玩，呵呵！我很喜欢。你还有什么创意呢？”

“我想发明一种被子，冬天盖着不冷，夏天盖着不热，一直能保持同样的温度。”

“子欧太了解妈妈的需求了，这样家里就不用准备不同厚薄的被子了，节省了空间，也节省了钱。”

“我还想发明一种‘健身沙发’，这种沙发只要一坐上去，它就开始不停地转来转去，可以边坐着看电视，边锻炼身体。”

“太好了，如果有这样的健身沙发，我们家一定要买。”

子欧越说越带劲，都不给我说的机会了。

“我想发明一种‘自动电视机’。爸爸老看电视，我们要是发明一种自动电视机，爸爸一天看电视超过两个小时，电视机就自动关掉，再怎么开都开不了，这样爸爸就不会老坐着看电视了。”

“太好了，这是一种非常健康的电视机，我相信，你要是发明出来，一定会有很多人去买的。”

“我想发明一种不用洗的衣服。因为我穿过的衣服总是太脏，妈妈要花很多时间给我洗衣服。要是有了这种不用洗的衣服，妈妈就有更多的时间陪我玩了。”

“那就太好了，这是多少妈妈的梦想，希望有一天能发明出这样神奇的衣服啊。”

子欧妈妈想说

1. 儿童天生具有很强的创新思维能力，他们总是异想天开的。在这一点上，儿童要远远超过成人。家长需要做的就是保护好儿童的创新思维能力，对孩子的种种假设、猜想多进行鼓励，这样他们才会更大胆地想象，更大胆地表达自己的想象。

2. 任何创意都源于生活，都来源于解决生活中一些问题的需要。因此，丰富儿童的生活经验是促进儿童创新思维的重要举措。

☆春天里的雪

2009年2月18日

去年冬天未见踪迹的雪终于在今年春天款款而来，早上无意中看挂历，今天是雨水的节气。

“子欧，昨晚这场雪下得真大。你知道今天是什么节气吗？”

“今天是雨水。”

“你怎么知道今天是雨水啊？”

“因为那天你告诉我，立春过后是雨水，我记得早不久前是立春。今天你问是什么节气，那就应该是雨水啦。”

“子欧记忆力还真好。子欧你看，真准，雨水节气到来，果然雨水就增多了。看来中国的节气还真管用，也很神奇啊！”

“立春已经过了，那现在应该是春天了吧！”

“是啊，早就是春天了。”

“我有一个问题，既然是春天了，为什么还下雪？太搞笑了吧。”

“为什么春天下雪就很搞笑呢？”

“冬天才下雪，春天是春暖花开的时候呢。”

“噢，你提了一个好问题。要搞清楚这个问题，首先得搞清，第一，雪是怎么形成的；第二，什么是春天。把这两个问题搞清楚了，你这个问题也就清楚了。”

“噢，妈妈，那你快给我讲讲。”

“第一个问题，雪是怎么形成的。我们都知道，飘浮在天空中的云是由许多细小的水滴或者冰晶组成的。科学实验表明，随着高度的升高，气温会越来越低。那么，当水汽从地面蒸发上升，随着高度的增加，气温下降，云中的小冰晶经过一系列的变化会变得越来越大，当冰晶大到空气无法托住时，便会落回到地面，这就是下雪。由此可见，是否下雪只与水汽和气温有关。第二个问题，什么是春天呢？春天的划分有好几种方式，但最简单的是按气温来划分，气候学上以连续5天日平均气温稳定在10℃为春季的开始。由此我们就知道了，虽然从季节划分上讲是进入春天了，但是气温往往并不稳定，如果有冷空气入侵，气温就会下降。也就是说，只要有寒潮，天气够冷，水汽够足，就会出现降雪天气。因此，下不下雪与季节并没有多大的关系。”

“我明白了，原来春天也是可以下雪的。”

“对啊。一些地方无论是春夏秋冬，一年四季都不会下雪呢，如我国的海南岛、昆明、广州等。”

“因为这些地方的气温都不会到0℃以下。”

“是的。”

子欧妈妈想说

1. 儿童基于对日常生活的观察和个人的理解会建立起一些概念，这些概念可以统称为前科学概念，这种概念有很多是不全面、不科学的，甚至是错误的，如孩子认为冬天才会下雪，春天是不能下雪的等。

2. 儿童前科学概念是其日后发展科学概念的基础和生长点。儿童在学习一个新的概念时，总是从他们的前科学概念出发，将原有前科学概念与新经验联系起来，随着新经验不断地出现，原有的概念不断被拓展，新的概念也就不断地获得和生长。例如，当出现了与儿童的已有认知不相适应或相冲突的情景时，就会促进儿童利用已有的认知结构对“前概念”进行修订和“同化”。当前概念需要修改时，就出现了概念的转变，这就是心理学中的“同化”。同样，当儿童已有的概念不足以使其成功地解释某一新现象时，儿童就会更新或重新组织其前概念，这种概念的转变方式就叫作“顺应”。

3. 儿童能应用一些前科学概念解释日常生活中的一些问题，但前科学概念中可能有一些错误的观念，家长有必要通过一些活动，如谈话、举例来改变儿童原有的认识。

☆什么是民族

2009年2月19日

昨天，子欧突然对“民族”这个词语产生了兴趣。

“妈妈，什么是‘民族’啊？是不是生活在北京的人都是一个民族啊？”

“生活在北京的人大部分是汉族，还有很多人是少数民族。你还记得妈妈的朋友罗阿姨吗？”

“记得，罗阿姨是妈妈的同学。”

“罗阿姨是羌族，是从四川来的。妈妈还有很多同学是少数民族，如巴叔叔是裕固族的，海叔叔是回族的。这些阿姨叔叔都和你一起吃过饭，还记得吗？”

“不记得了。”

“这些叔叔阿姨和妈妈一样，以前都在自己的老家，后来上大学，毕业后就在北京工作了。所以住在北京的人不一定都是一个民族。”

“那海叔叔会说他们的民族语言吗？”

“会的。去年我们一起去参观过中华民族园，你还记得有哪些少数民族吗？”

“有傣族、蒙古族，还有一个喜欢黑色的佤族，还有……我不记得了。”

“我们国家一共有56个民族。”

“那白人是什么民族啊？”

“这个是种族的概念。白人是相对于黑种人、黄种人来说的。种族和民族是不同的概念。像我们国家的大部分人都是黄种人。你知道黄种人有什么特征吗？”

“黑头发，黄皮肤。”

“对了，黄色人种皮肤黄色，眼睛棕色，头发黑而直，主要生活在非洲中部、亚洲南部等地区。白色人种皮肤白色、浅棕色，眼睛灰色、浅蓝色，头发金黄色呈波浪状，鼻梁细高，主要生活在大洋洲南部、欧洲和美洲等地区。黑色人种皮肤黑棕色，眼睛黑色，头发短、卷曲，鼻梁低而宽，嘴唇厚，身材四肢较长，主要生活在非洲等地区。”

“为什么黑种人那么黑啊？”

“是由于适应环境的结果啊。黑种人主要生活在赤道地区，那里太阳照射强，他们的皮肤里就产生大量黑色素，因为黑色素可以使他们免受紫外线伤害。而黑色素越多，肤色就越黑。”

“种族和民族有什么不同啊？”

“哦，要讲清楚这两个概念可不容易。种族是指有共同体质特点的人群。而民族也是指一群人，这群人有共同的祖先，共同的语言、宗教，甚至外貌特征。这群人最开始应该居住在同一个地方。同一种族，可以分属不同的民族。例如，中国的汉族、回族，朝鲜的朝鲜族，日本的大和族都是黄种人；欧洲的许多民族都是白种人；非洲南部的许多民族都是黑种人。而同一民族几乎不可能分属不同的人种。”

“听不懂啊。”

“嗯，这个问题是有点儿复杂。比如，虽然罗阿姨是羌族、海叔叔是回族、我们是汉族，但我们都是黄种人。知道了吗？”

“那我们班的韩国同学也是黄种人吗？”

“对，韩国人应该是朝鲜族，但也是黄种人。”

“噢！ 那我明白了。”

“你们班有几个外国同学？”

“有四个，有高同学、金同学、李同学和 Sunny 同学。 可高同学虽然是美国人，她和我们差不多啊。”

“高同学她妈妈是白种人，她爸爸是中国人，是黄种人，所以她是黄种人和白种人的混血儿。 因此，她既有黄种人的特点，也有白种人的特点。你喜欢和这些外国同学玩吗？”

“喜欢，我们没有觉得他们和我们有什么不同啊。 不过 Sunny 同学的英语是我们班最好的。 韩国李同学经常带寿司给我们吃，她妈妈做的寿司比外面卖的好吃多了。 Sunny 同学刚来我们班的时候，好多中国话不会说，现在她在我们班一年多了，已经会说很多中国话了。”

子欧妈妈想说

1. 在历史上很长一段时间，人们周围生活的人都是同样的皮肤、同样的语言、同样的服饰。 然而随着地球村的形成，在我们身边开始出现了越来越多的和我们不一样的人。 这些人不仅长得与我们不一样，而且想的也与我们不一样。

2. 我们需要对儿童进行多元文化教育，帮助儿童理解、欣赏、尊重不同民族、种族、性别、语言和文化背景的人，使儿童能够在一个不同文化的世界中生活、学习、交往和工作，引导儿童意识到文化的独特性和多样性，使儿童学会尊重别人、友好地与别人合作。

☆春天在哪里

2009年2月25日

很长一段时间，为了培养子欧的口语表达能力，我们在家里常进行“主题聊天”活动。即一家人在聊天的时候指定一个主题，然后就这个主题进行聊天。昨晚我们一家在小区散步，一边散步一边聊天，主题是：春天在哪里。

爸爸：“春天快来了，我们就说说春天吧。”

妈妈：“这个主题很好，我们一起说说春天在哪里，你从哪些方面感受到春天来了。”

子欧：“好，爸爸先说。”

爸爸：“我觉得，春天来了，我们脱掉了厚厚的羽绒外套，身上穿的衣服少了，这就是春天来了。”

妈妈：“我说说吧，前几天是二十四节气中的雨水，这也说明春天来了。”

子欧：“下一个节气是惊蛰，虫子们都开始醒来了，这也是春天。”

妈妈：“河水开始解冻了，春江水暖鸭先知，从这里可以看到春天来了。”

子欧：“我看见玉兰花树上已经长出了大花骨朵，这表明春天来了。河边的柳树已经变黄了，这也说明春天来了。”

爸爸：“现在出来散步的人也多了，这也说明春天来了。”

妈妈："我从吹在身上的风，感觉到春天来了。冬天的风吹在脸上，像刀子一样；春天的风吹在身上，就像妈妈的手一样。"

子欧："有人在放风筝，这也说明春天来了。"

子欧妈妈想说

1. 从子欧三岁的时候起，我们就经常进行一种主题聊天的活动，也就是谈话的内容紧紧围绕一个话题来进行，每次指定一个人负责提出聊天的主题，其他人都要围绕这个主题来进行聊天。

2. 亲子之间的主题聊天有很多好处，如有利于拓展孩子的思路，丰富知识，培养孩子的归纳、总结的能力；还有利于增强亲子之间的感情，提高孩子的语言表达能力。

☆放弃舞蹈

2009 年3月6日

子欧从去年下半年开始报班学舞蹈以来，没有什么收获。她说学完这一期就不学了，我也同意了，尊重她的选择，可是她又有点儿舍不得。

“今天下午是舞蹈班最后一次课了，老师会决定哪些同学升到中级班，哪些同学还在初级班。如果还要学习的话，就必须再交学费了。子欧你还继续学吗？”

“我不想学了，没有意思。”

“那好，那下一次我们就不去了。”

“明明还学吗？”

“我不知道，大概还学吧。”

“那琳达还学吗？”

“我也不知道，下午问问她奶奶就知道了。”

“如果她们都学，那我还学吗？”

“你自己觉得呢？如果你不喜欢就别学了。我们还有更多有意义的事情要去做，为什么要逼着自己去干不喜欢的事情呢！妈妈同意你不学了。”

下午上完最后一次舞蹈课，我和子欧又说起了舞蹈班的事。

“有一个孩子老师同意升入中级班。”

“是谁啊？”

“王心纶。”

子欧没吭声，但看得出来很不开心。

“如果你愿意学舞蹈你还可以去学，不升中级班没有关系，这不是学得好与没有学好的问题，而是自己喜不喜欢和适不适合的问题，每一个孩子都有自己的优势，不要拿自己与别人去比，你有你的优点，妈妈很为你感到骄傲，你是爱心天使，你是数学公主。”

“我现在不学舞蹈了，以后再说。”

“妈妈很高兴你能做出属于自己的选择，妈妈尊重你的选择。”

子欧妈妈想说

1. 才艺教育是当前儿童教育的一个热点，钢琴、美术、舞蹈、围棋、演讲、主持、唱歌等，各种才艺班令家长和儿童目不暇接。许多家长给孩子报了各种不同的才艺班。面对各种才艺培训班，孩子上还是不上，究竟该怎样选择，是每位父母都遇到过的问题。更多的情况是，父母看到别人的孩子学什么，就让自己的孩子跟着学什么，不考虑这种才艺是否符合自己孩子的特性。

2. 家长在给孩子选择这类培训时，一是应从孩子的兴趣、爱好出发，不能太功利；二是要本着“因材施教”的观念，如果发现孩子在某些方面有天分，那科学地进行引导，针对性地进行培训是必要的。让孩子拥有快乐、健康的童年是每位家长的责任。

☆自制沙锤

2009年3月15日

上次家里喝牛奶，剩下5个塑料瓶，子欧嘱咐我不要扔掉，要留着做手工。今天，我和子欧就利用这些废弃的塑料瓶做沙锤。

“妈妈，上次家里的那几个塑料瓶呢？”

“在阳台上。”

“我们把这几个瓶子找来做手工吧！”

“你想做什么呢？”

“我用这个瓶子当一个孩子的身子，然后用家里的一个条纹格的纸袋给她做一条百褶裙。”

子欧又用条纹格的纸杯做了一个脑袋和帽子，最后做成了一个摩登女郎，效果很好。

“剩下的4个瓶子，你怎么处理？”

子欧把两个瓶子口对口接起来，让我用胶带把瓶口固定，很像一个哑铃，然后把剩下的两个也做成了一个哑铃，正好是一对，子欧高兴极了。

“妈妈，这是我最喜欢的玩具了，还可以锻炼身体。”

“以前家里买来的紫米一直没有来得及吃，都已经有点霉味了，我们把紫米装进去，然后把口封住，这样哑铃就又可变成沙锤。”

“太好了。这样哑铃也重了一些，更合适了。”

“你知道吗，妈妈小时候的玩具都是自己动手做的呢。”

“妈妈你给我讲过的。妈妈我发现沙锤可以摇出各种不同的声音，你听听！”

子欧妈妈想说

1. 人们常说“心灵手巧”，其实手巧也会使心更灵。苏联教育家苏霍姆林斯基也曾指出，儿童的智慧在儿童的手指尖上，手是儿童思维的镜子。因为手的动作是和思维活动直接联系的，信息从手传导到大脑，又由大脑反馈到手，二者之间是双向联系，这种联系越多越能促进两方面发展。因此，积极培养儿童的动手能力，对于思维发展是极为有利的。

2. 学龄前期的孩子喜欢动手，家长应该顺应孩子喜欢动手的规律，多为孩子创造一些动手的机会。家长可以一方面指导孩子做手工，一方面培养孩子的自理能力。如培养孩子自己倒水喝，用筷子吃饭，学习擦桌子、扫地，自己整理玩具，洗手绢等，既培养了手的技巧，又锻炼了孩子的自理能力。

☆参加地球一小时活动

2009年3月28日

昨天我从新闻上得知“地球一小时”活动后，晚上积极倡导我们一家参加这个活动。

“子欧，今天晚上有‘地球一小时’活动，你参加吗？”

“什么是‘地球一小时’活动？”

“‘地球一小时’活动是世界自然基金会应对全球气候变化所提出的一项倡议，希望个人、社区、企业和政府在2009年3月28日晚八点半开始熄灯一小时，来表明对应对气候变化行动的支持。”

“什么是气候变化啊？”

“现在我们的地球环境正在一天天变得越来越糟糕，如现在开汽车的人越来越多，空气污染很严重，温度正变得越来越高，这就是一种气候变化。”

“那该怎么办啊？”

“我们只有一个地球，每个人都有义务和责任来拯救我们的地球。你愿意参加吗？”

“我愿意参加，我们怎么参加？”

“从八点半开始熄灯一个小时，表示对活动的支持。”

“我愿意参加。可是晚上看不见怎么办？”

“你平时的安排是八点三十五分听中央广播电台的李佳阿姨讲故事，九点听完故事，开始洗漱，准备睡觉。那你觉得应该怎么调整，才能保证你八点半的时候可以不开灯？”

“我可以先洗漱，在八点半前做完所有的事情，然后躺在床上听李佳阿姨讲故事，这样就行。”

“非常好。”

吃完晚饭后，子欧就开始写作业，写完作业后，就开始洗漱，然后等待八点半的到来。时间一到，子欧先把收音机打开，然后把家里所有的灯熄掉，躺在床上等收音机里故事的开始，我也躺下和她一起听故事。透过窗户，可以看见我们所在的小区依旧灯光明亮。

“为什么还有那么多的人家里不熄灯呢？”

“因为这是自愿活动，大家可以选择不参加的。再说今年是第一次举行这个活动，知道这次活动的人并不多，所以很多人没有参加。”

“妈妈，我觉得家里还是很亮的，不开灯也能看见。”

“对，因为你的眼睛已经适应黑暗了。今天参加‘地球一小时’活动，不仅是为了参加今天这一次活动，我们还需要在以后的生活中处处体现这种环保的意识，只有这样才能拯救我们的地球。我们不仅要节约用电，还要节约用水，北京是一个缺水的城市。子欧，你觉得我们家以后还可以做什么来保护地球？”

“以后晚上我都可以先洗漱，然后熄灯听故事，这样就可以节约用电了。”

“很好。我们家没有节约用电的习惯，只要一到晚上，所有房间的灯都是开着的，我觉得以后我们可以人离灯熄，就是房间里没有人，就不要开灯，好吗？”

“好。”

子欧妈妈想说

今天人们对环境的重要性有了更新的认识，环境教育应该从娃娃抓起。日常生活中有很多有关环境保护的教育时机，家长应该抓住，让孩子从小养成良好的环保习惯。比如，节约用电、节约用水、垃圾分类等。同时家长也应注意自己的行为，从一点一滴的小事做起，如不随地吐痰、不乱扔瓜皮果壳、自觉多乘坐公共交通工具、少开私家车等。用自己的行动去影响孩子、教育孩子。

☆100元玩朝阳公园

2009年4月2日

前不久我和子欧约定，每次去公园玩一次只能花100元钱。因为如果没有这么一个约定，有时去公园玩，花再多她也不会觉得多，还总会因为还有一些游乐项目没有玩而不满意。自从和她有了这个约定后，每次去公园，玩的项目都由她自己决定，慢慢地，她知道约束自己了。今天子欧爸爸带她去朝阳公园玩。去公园之前，为了表示认真，我将一张崭新的100元人民币放到子欧的包里，告诉她不要随便去拉开那个拉链，以免钱丢掉。早上八点多他们就去了，下午两点多才回来。子欧玩得很开心。

“子欧，今天玩得开心吗？”

“开心极了。”

“你们都玩了什么项目啊，100元钱是怎么花的？”

“妈妈，还剩5块钱。我们坐船花了50块钱，今天玩的是自动船，船一直是我开的，我开了一个小时，没有和别人的船碰上，只是碰了一下岸边。”

“真的啊！那你技术不错嘛！除了坐船，还干什么啦？”

“还钓鱼了，钓鱼花了25块钱，还坐潜艇了，我本来不同意坐潜艇，如果不坐潜艇，同样的钱可以玩两个项目，可爸爸说那些项目都玩过，潜艇以前没有玩过，所以就坐潜艇了。”

“你不是最喜欢‘激流勇进’么，这次你没有玩吗？”

“没有！ 这个项目太贵，我现在要去玩的话，必须有家长陪伴，这样太浪费了，等我再大一些，不需要家长陪同时，我一个人再去玩‘激流勇进’。”

“午饭吃的什么？”

“吃的甜面圈啊，还有酸奶、烤肠、可乐。”

甜面圈和酸奶是自己带去的，看来父女俩的午饭是比较简单的，把午饭费用也算到100元钱里了。

爸爸提醒说：“其实花超了，超了25元。”

子欧马上反驳道：“你也坐船了，坐船一共50元，你也要出25元，那超过的25元算你的！ 我还是没有花超100元，这剩下的5元钱留着下次花。”

子欧妈妈想说

1. 如何面对孩子没完没了的欲望，是家长非常头疼的问题。 在生活中，我们经常在玩具柜台前、在游乐场看到因要求没有得到满足而哭闹的孩子。 如果孩子在很小的时候，父母就无条件、没有原则地去满足孩子的各种要求，或者只要孩子一哭，父母就妥协。 那么，孩子就经常会用“哭”作为武器来要挟父母，以达到自己的目的。

2. 年幼的孩子自制力较差，在极具诱惑力的事物面前，家长若只讲道理，往往收效甚微，孩子依然会哭闹不已；若利用强制手段，则又极易挫伤孩子的自尊心。因此，家长应该“防患于未然”，不要等孩子哭闹了再想办法，而要提前定下规则，让孩子自己控制自己的欲望。比如每次出去玩之前，先规定好花的钱数，具体买什么由孩子做主，但不能超过这个额度。这样既满足了孩子当家做主的自尊感，又促使他学会“精打细算”，能收到不错的效果。还有的家长利用积分奖励制，如一分相当于一块钱，让孩子攒积分换玩具，也能有效控制孩子的诸多无理要求，还有助于培养孩子的理财意识，更多的家长可以尝试一下。

☆买饼干

2009年4月13日

子欧以前买东西不会看价签，因此，我们总是会给她高于要买的物品价格的钱。今天我让她自己去买她想吃的饼干，我犹豫是给她三块钱，还是给她五块钱。我知道如果给她三块钱去买饼干，她可能会遇到麻烦，因为她最喜欢吃的奥利奥饼干可能要四块钱。最后我还是决定让她去试一试。子欧拿着三块钱高兴地下楼，朝小超市走去。果然，这次比以前去超市买东西的时间长。过了一会儿子欧敲门回来，我悬着的心终于放下来了。一开门看见她正在吃饼干，我的心里高兴极了，子欧也很开心。

“妈妈，我回来了！你给我的钱不够买奥利奥饼干！因为我第一次拿的就是奥利奥饼干，是3.7元，收银员阿姨说我的钱不够，于是我只好再去挑别的饼干。”

“那你是怎么挑的？”

“妈妈，这次我算是弄明白了，我只有三块钱，我就只能买价签上前面是3，后面是两个0的饼干，于是我就在超市里找这种价签的饼干，终于找到了，我买的这种饼干正好3块钱。妈妈，你要是多给我1块钱就好了，我就能买第一种饼干了，第一种饼干是3.7元。”

“那我要是多给你1块钱，你买第一种饼干，还要找你多少钱？”

“三角钱。”

“当收银员阿姨说你的钱不够时，你心里怎么想的，有没有想立即回家啊？”

“我想过立即回家，但后来我觉得不能回家，因为这样不好意思，说明我不能干啊，妈妈以前告诉我要随机应变啊。只是我在超市挑选饼干花了很多时间，我担心你在家里等着急了。”

子欧妈妈想说

现在的很多孩子，被保护过度，自理能力相对较弱。怎样培养孩子独立解决问题的能力呢？其实很简单。在日常生活中，孩子力所能及的事情家长大胆地放手让孩子独立完成，孩子虽然会经受或大或小的挫折，但是在这些实际行动中“吃一堑，长一智”，孩子自然会逐渐变得机智、灵活，同时培养出自信、坚毅的品质。

☆如何表扬孩子

2009 年 4 月 14 日

昨天下午我接子欧回来，几个小孩儿一起在小区玩，我们几个妈妈在一起聊天。

“孩子很爱看电视，真让人发愁！”

“子欧以前也爱看电视，现在不怎么看了。”

“你们是怎么让子欧不看电视的？”

“主要是表扬加奖励。我让子欧自己说吧。子欧你过来！”

“怎么啦？”

“子欧，阿姨她们都特别羡慕你能够管好自己看电视的时间，你给阿姨说说，你现在是怎么看电视的？”

“我以前也喜欢看电视，后来妈妈和我商量只在周末看电视，平时不看电视，如果我能坚持，就有‘成长积分’，一天一分，积到 60 分，妈妈就奖励我一个礼物。我已经坚持了两个星期，积了 14 分了。”

“子欧你真棒，真希望小京也能像你一样控制好自己看电视的时间。”

“子欧，你看阿姨们都觉得你能控制自己平时不看电视很不简单，而且还要小朋友向你学习，你能把这个好习惯坚持下去吗？”

“能啊！”

子欧妈妈想说

1. 教育孩子应坚持表扬为主的原则，好孩子是夸出来的。家长想要孩子变成什么样，就把她夸成什么样。作为家长不要吝啬你的表扬，尤其是对年龄小的孩子。父母常用成人的眼光去看待孩子的行为，认为没有几件事是值得表扬的。其实，对于年龄小的孩子来说，做好一些“简单”的事已经很不容易了。因此只要有一些进步，家长就要慷慨地给予表扬。

2. 表扬孩子也是一门艺术，怎样才能使表扬更有效呢？首先，对值得表扬的行为要及时表扬。否则，孩子会弄不清楚为什么受到了表扬，因而对这个表扬不会有什么印象，那表扬就起不到强化好的行为的效果。因为在孩子的心目中，事情的因果关系是紧密联系在一起的，年龄越小，越是如此。其次，表扬要具体，表扬得越具体，孩子越容易明白哪些是好的行为，越容易找准努力的方向。再次，表扬不仅要看结果，还要看过程。孩子常好心办“坏事”。例如，孩子想“自己的事自己干”，吃完饭后自己去洗毛巾，结果把地板上弄得到处都是水。这时家长不分青红皂白一顿批评，孩子也许就不敢再尝试自己做事了。如果家长冷静下来说：“你想自己做事很好，但要注意不要把地板弄湿了！”孩子的心情就放松了，不仅喜欢自己的事自己做，还会非常乐意帮家长去干其他家务。因此，只要孩子是“好心”就要表扬，再帮他分析造成“坏事”的原因，并告诉他如何改进，这样会收到较好的效果。

☆渴望长大

2009年4月17日

周末我们几个同事一起去房山郊区游玩。子欧很高兴能参加我们的活动，以前她参加过一次我们的活动，留下了深刻的印象和美好的回忆。这次她还想参加，但是她对她是所有孩子中最小的一个有点儿不满意。

“周末我们几个同事去房山玩，可以带孩子，你愿意跟我去吗？”

“我愿意去啊！妈妈，这次出去玩，我还是最小的小朋友吗？”

“这次出去玩，你还是最小的孩子啊。”

“你们办公室的李阿姨不是生了一个孩子吗？你告诉我说，我已经不是你们办公室老师中最小的孩子了啊！”

“去年李阿姨是生了一个小孩，她是最小的，可是这个孩子今年还不到一岁，她不能出去玩啊。”

“那我还是这一次出去玩的小孩中最小的。我讨厌是最小的。什么时候李阿姨的孩子长大能出去玩，我才不是最小的。我不喜欢当最小的孩子。”

“你为什么不想当最小的那个孩子啊？”

“因为最小的孩子会被别人认为是小屁孩，什么也不知道。”

子欧妈妈想说

1. 每一个孩子都会渴望长大。她渴望坐公交车的时候，也能像大人一样买一张票，也像大人一样一个人占一个座位；她渴望能像妈妈一样穿漂亮的高跟鞋……当儿童开始有这种要长大的意识的时候，说明儿童的自我概念又向前发展了。

2. 子欧不愿意当最小的孩子，是因为最小的孩子经常会被别人认为是小屁孩，什么也不知道。在满足儿童成长的需要的时候，应该让儿童感到自身的力量，让他拥有一种力量感。力量感就是对自己的力量和能力的感知，如果一个人觉得自己有能力，他就愿意去做事情，愿意去挑战自己，不断给自己确立目标。力量感对于儿童来说可能是最需要培养的，这个年龄的孩子渴望参与家长的各种活动，如帮助家长洗衣服、扫地等。一些家长认为，孩子的这些帮忙不过是添乱，这样容易导致儿童的无能感，孩子的力量感容易受挫。“你做这个不行！”“你懂什么！”长此以往，儿童习惯于在自己的世界里关注自身，他会觉得只有自己才是自己能控制的，对于外界他是没有力量的。

☆"小美妞"的由来

2009年4月19日

我终于决定为子欧开一个博客，要把我给子欧写的手记公开了。因为我觉得这样会有更多的人和我一起交流如何教育孩子。以前我把部分育儿手记给一些好友和同学看过，他们都觉得不错，建议我开一个博客。经过一段时间的考虑后，我采纳了他们的建议。于是我慎重地告诉子欧，我想把手记的内容公开，让更多的人了解她的故事。

"子欧，我想把给你写的日记放在博客上，好吗？"

"什么是博客？"

"博客就是一种网络日志，写在博客上的日记大家都可以看到。"

"妈妈，让别人看到我的故事，如果是我做得好的，我会很高兴。如果是我做得不好的，我会害羞的。他们会知道我的名字的。"

"没有关系啊，我们可以想办法，让他们不知道你的名字啊。"

"有什么办法？"

"比如不写你的名字啊。"

"不写我的名字，那这是不是撒谎啊！"

"这不是撒谎，在生活中我们有时不需要告诉别人所有的东西。你给自己另外取个名字吧！"

"这样也可以啊？"

"可以，我们做研究的时候，有时候为了保护被研究者，就会用他们的化名。”

子欧在知道不会用自己的名字后，终于放心了，于是告诉我说：“妈妈，那就把我的名字改成‘小美妞’吧。我觉得这个名字很好。”

子欧妈妈想说

随着网络的普及，微博、QQ、博客、微信等正成为越来越多年轻爸爸妈妈晒孩子的照片、日记等的方式。一些细心的爸妈在网络上为孩子写日志，记录孩子的成长。但家长是否意识到应该保护孩子的隐私呢？子欧的提问让我深思：什么是保护孩子？保护孩子仅仅是保护孩子的身体吗？如何来保护孩子的心理？如何来保护孩子的隐私？这些都是在网络时代我们需要认真思考的问题。

☆小朋友们都去哪儿了

2009年4月22日

自从上大班以来，子欧从幼儿园回来后在小区里经常找不到小朋友玩了。那些曾经一起玩的小伙伴们都不知跑到哪里去了。

“妈妈，我们去外面玩吧！”

“好啊。”

“真希望明明、欢欢他们也在小区的游乐场上玩，这样我们出去就可以和他们一块儿玩了。”

“我们去游乐场看看！”

我和子欧在游乐场找了一圈也没有找到他们。

“他们可能在小区那边的平台玩。”

“那我们再去平台那边看看吧。”

我和子欧在小区的平台也没有找到小朋友。

“这儿也不在，小朋友们都去哪儿了啊？”

“也许是因为快上小学了，很多孩子都报了一些培训班吧。他们的父母想让他们好好学习。”

“妈妈，你也给我报些培训班吧。这样我就有小朋友一起玩了。”

“你在幼儿园待一天了，放学后你应该活动活动筋骨，你现在是长身体的时候，一定要增加户外运动。妈妈是老师，妈妈可以教你，不一定非要报培训班啊。”

“可你不是小朋友，我想和小朋友玩。”

子欧妈妈想说

孩子上了一天幼儿园，在幼儿园已经安静、规矩地待了一天了，不仅仅是孩子盼望放学后在院内跳跃、嬉戏，作为家长的我也是希望孩子能多多活动，所以一般情况下我都会让子欧在小区的大院内玩上一个多小时，玩累了、跑够了才回家。以前会有很多同龄的孩子一起玩，那是孩子们最快乐的时刻。但自从上大班后，子欧就不容易碰上熟悉的小伙伴了。估计很多孩子从幼儿园一放学就被家长接去参加各种各样的培训班，或者在家里学习了，为即将到来的小学教育做着各种各样的前期准备。春暖花开，万物复苏，是多么美好的时光，欢呼雀跃的孩子才没有辜负这美好的时光啊！

☆参观麋鹿苑

2009年5月3日

几天前，北京自然博物馆组织小朋友们去南海子麋鹿苑参观，子欧很高兴。

“子欧，今天你去麋鹿苑参观，玩得很高兴吧？”

“高兴啊。”

“你能给妈妈说说你的感想吗？”

“什么是感想？”

“感想就是你参观后，有什么想法啊，比如你看到了什么？你想到了什么？”

“我看到了麋鹿，麋鹿是一种‘四不像’动物，它的角像鹿但又不是鹿，脸像马但又不是马，蹄像牛但又不是牛，尾像驴但又不是驴。”

“哈哈，真有意思。麋鹿生活在什么地方啊？”

“它们生活在湿地，南海子麋鹿苑有好多麋鹿。一百多年前，皇家园林里也有麋鹿，后来八国联军抢走了，麋鹿就在中国消失了，直到1985年它们才坐飞机从国外来到南海子麋鹿苑。现在麋鹿数量已经增加很多了。老师还告诉我们，在湖北省石首市也有很多麋鹿。”

“你今天还看到什么动物了吗？”

“我还喂野马了，野马很有意思，它们最喜欢吃胡萝卜了，小野马很调皮，很爱打架……”

"还看到什么呢？"

"还看到了骆驼，还有好多动物。"

"那你想到了什么？"

"郭耕老师给我们作了讲解，在讲解的过程中，我了解了要保护动物、保护环境，要是我们再不保护环境，我们人类也会灭绝的。"

"让你印象最深刻的是什么？"

"让我印象最深刻的是动物之墓，那里有很多已经在地球上消失了的动物的名字。地球不仅仅是我们人类的母亲，她也是动物们的母亲，当她看见自己的一些孩子灭绝的时候，她一定很伤心的。"

"那你还想到了什么？"

"通过参观麋鹿苑，我学到了要保护环境，如果你扔下一个塑料袋，这个塑料袋恰好被一个动物吃到肚子里，就会引起这个动物死亡，如果你把那个塑料袋扔进垃圾桶里，你就保护了动物。我从北京电视台做的《灭绝之殇》节目，我知道了有四大原因造成动物灭绝。"

"是哪四大原因啊？"

"是生境丧失、过度开发、环境污染和盲目引种。"

"如果让你对这次活动说一句话来表示你的感想，你想说什么呢？"

"我想说：'希望所有的人从我做起，保护环境与动物。'"

子欧妈妈想说

1. 一般来说，人们习惯于关注某事物的特定细节与内容，因为这些特定的细节与内容是具体、形象的，这比整体认识事物要相对容易得多。要整体认识事物，需要对细节和内容进行归纳、总结，有一个通过抽象思维，进行分析和综合的过程。要实现这样一个过程的转换，需要付出巨大的努力。对儿童来说，综合分析能力不是一天两天就可以培养出来的，需要经过长期的思维训练。

2. 家长应该如何来培养儿童的综合分析能力呢？首先家长需要帮助儿童分析哪些是无关信息，哪些是重要信息。儿童在日常的生活中，也会陷入一些具体的细节，不能跳出。为了培养孩子辨别重要信息的能力，家长在与她的对话中要围绕重要信息来进行。比如，孩子参观回来后，父母可主要围绕看到了什么、想到了什么两个方面来与孩子进行对话。如果家长带孩子去公园玩，在回来的路上可以和孩子一起探讨出来玩的几点收获、几点感受，或者描述看到了什么。同样地，如果家长给孩子讲了一个故事，可以让孩子叙述在这个故事里讲了几件事。总之，家长可以通过这些活动让儿童学会从复杂的事件中去分析哪些是重要信息，哪些是非重要信息，哪些是无关信息，从而不断提高孩子的综合分析能力。

☆西双版纳与傣族园

2009年5月20日

今天子欧终于如愿以偿来到了美丽的西双版纳。对她来说西双版纳的一切都是新奇的，因为这里具有浓浓的异族风情。

"子欧，快看，你觉得这房子像什么？"

"妈妈，这些房子长得像帽子。"

子欧兴奋地在楼板上来回地跑动、尖叫，不时地摸摸这，动动那。

"妈妈，这些房子都是用木头盖的，房子还可以用木头盖啊，我第一次看到。妈妈，这些房子和北京的房子一点儿也不像。"

"和北京的房子有什么不同啊？"

"北京的房子都是又高又大，很多人的房子在一起，这里都是一户一栋房子，是木头盖的。"

"子欧你看，这些木柱子下面是什么？"

"是石头。"

"你知道为什么要在木柱子下面垫石头吗？"

"我知道，我知道，是为了防止水把柱子泡坏了，你以前告诉过我。"

子欧看来看去，又有了新发现。

"傣族人为什么不住第一层，都住在楼上啊？"

"因为这个地方潮湿闷热，住第一层不舒服，楼上比较凉快。"

"他们为什么没有床啊？"

“他们习惯睡在地板上，可能是因为这个地方热吧！”

“快来果园看看啊，子欧！ 果园里有好多种水果呢！”

“妈妈，我看见香蕉了，香蕉树的叶子原来这么大！”

“看见菠萝了吗？”

“哈哈，菠萝竟然是这样长的，不是挂在树上，也不是埋在地下。”

“子欧，这是椰子树！”

“这种树跟别的树不一样啊！”

“怎么不一样？”

“这种树树干好高、好直啊！”

“你再看看上面是什么？”

“还有椰子啊，我要吃椰子。”

子欧看见穿着漂亮民族服装的傣族姑娘给我们端来了香甜的水果，于是又说开了。

“傣族姑娘穿的衣服可真漂亮。”

“和我们穿的衣服完全不一样，她们都穿这种长裙、短上衣。”

“妈妈，那些人穿的是什么啊？ 好奇怪！”

“噢！ 这是袈裟，他们是小和尚。”

“他们为什么穿着这么奇怪的衣服啊？”

“因为他们是和尚，袈裟是和尚穿的衣服。 这里的人都信仰佛教。”

“什么是佛教？”

“等下我带你去寺庙看看，你就能知道一些了。”

“妈妈，门上写的是什么啊？”

“这是傣族人写的字，我也不认识。”

“傣族人写的字怎么都像蝌蚪一样到处爬啊。”

晚饭是一桌地道的傣家菜，子欧吃得可香了。

“子欧快吃啊，这可是地道的傣家菜。 妈妈给你介绍一下，这是你最喜欢的甜甜的菠萝饭。”

“好香啊，比在北京吃的菠萝饭香多了。”

“那当然，这可是地道的菠萝饭啊！”

“这是什么，这么多奇怪的树叶。”

“这是一种我也叫不上名字的叶子，用油炸一下就可以吃了。 这个是香茅草烤肉，特别香。”

“妈妈，傣族人吃饭怎么用手抓啊？”

“这是他们的风俗习惯。 你也可以试试啊！”

“我也试试，很好玩的。”

在饭桌上，子欧和大人一样，大声地喊着傣族语：水水水（干杯的意思）。 我们一起学唱了西双版纳人人都会唱的一首歌曲：《让我听懂你的语言》。

晚饭后是欣赏美丽的傣族姑娘表演的歌舞，长达一个多小时的歌舞表演，她看得聚精会神。 表演结束后，她还给她认为最漂亮的傣族姑娘送上了香包。 看完表演，子欧加入了泼水的行列中，她是那一天泼水活动中的最小成员。 她那么兴高采烈地在水池中与别人相互泼水，在晶莹的水花中，子欧灿烂的笑脸告诉我，西双版纳之行是多么的有趣啊。

子欧妈妈想说

1. 旅游的体验，是孩子成长中的一个非常重要的经验。 旅游是一种很好的学习方式，可以丰富儿童的经验。 子欧第一次杭州之游，虽然只有五天，但在后来的日子，我感受到这五天带给她的印象很深刻。 她知道了什么是旅游，体验了坐飞机的感觉，了解了什么是导游、空姐，知道了杭州西湖的三潭印月、雷峰塔，知道了西湖的龙井茶和蚕丝被。在后来的生活中，子欧多次谈到她的这次旅游，每当有人提起杭州的时候，她就会很激动。在美术课上，她画了雷峰塔，后来在幼儿园和别的小朋友又一起画了雷峰塔，她会在游戏中扮演空姐这样的角色。

2. 旅游可以让儿童明白人、自然与社会之间的关系。在人与自然的关系中，家长应告诉孩子人类只是自然界中的一员，我们要与自然界中的其他生物保持和谐的关系。我们在自然的恩赐下生活，应学会感恩，感谢自然赐予我们阳光、空气、食物和一切。在人与社会的关系中，家长应告诉孩子每一个人都不是孤独地生活在这个世界上的，人与人的交往活动形成了社会、国家、世界和历史。我们应学会与别人和谐相处，学会关心，学会爱护，学会尊重别人和自己。旅游能很好地让儿童去思考人与自然、人与社会的关系。

3. 旅游可以让儿童感受文化的多样性。通过西双版纳旅游，孩子因此知道这个地方生活着很多少数民族，知道傣族人穿漂亮的傣裙，知道傣族人的泼水节，知道傣族人的孔雀舞，知道傣族人住的竹楼，知道西双版纳有各种各样的水果……我相信对于文化的差异和多元性的认识会在孩子心中悄悄地生根发芽。

☆我帮地球洗个澡

2009年5月21日

昨天我们去昆明的滇池玩，看到被严重污染的滇池水，子欧说想帮地球洗个澡。

“这就是滇池吗？”

“是啊，漂亮吗？”

“漂亮。”

“等下你就不觉得漂亮了。”

“为什么啊？”

“你自己去发现吧。”

我们继续往前走，不一会儿滇池的水变得越来越绿，一阵阵恶臭迎面扑来。

“什么东西这么臭啊？”

“你仔细闻闻。”

“不知道，妈妈，为什么滇池的水变成绿色了，就像颜料啊？”

“是啊！”

“那臭味也是从那里发出来的吗？”

“是的。”

“为什么啊？”

“因为滇池的水已经被污染了。工业的发展，大量废水被排入滇池，造成滇池富营养化日趋严重，大量的蓝藻、青苔、浮萍、水葫芦等藻类植物和浮叶植物疯长，鱼类因缺氧而大量死亡，滇池的水质严重变质。”

“妈妈我想帮她洗个澡，洗刷刷、洗刷刷……”

“为什么想给她洗个澡？”

“因为滇池太脏了，洗个澡就干净了。妈妈，我们小区门口的北小河也太脏了，那里垃圾堆得到处都是，还有一些小路上也特别脏，小狗到处拉臭臭，好脏啊。”

“是啊，人们不注意保护环境，我们的地球越来越脏了。”

“妈妈，我想给地球洗个澡。”

“地球这么大，你怎么给她洗澡啊？”

“我想告诉人们，保护环境。我们一起帮地球洗个澡，拿银河的水给地球冲洗，拿月亮当香皂，然后洗刷刷、洗刷刷，让太阳给她烤干，地球就干净了，然后种上漂亮的花草树木，就好像是给她穿上了漂亮的衣服，那该多好啊！”

子欧妈妈想说

家长经常带孩子走进大自然，深入大自然，可以使孩子萌发保护环境的情感。在自然环境中家长可以结合所听、所见、所闻和所想，启发和引导儿童观察自然、发现问题，让儿童逐步认识到自己是环境中的一分子，自己时时刻刻都不能离开生存的环境。一旦孩子在观察中发现新奇的事物，家长就应进行及时的引导，从周围环境扩大到更广大的空间，使孩子萌发保护自然、人人有责的情感。

☆看见爸爸的小鸡鸡了

2009年5月29日

昨天我们一家人吃完晚饭后围着小区转了几圈，三个人都内急得不行。到了家后，子欧便开始安排上厕所的顺序。

“我要大便，爸爸妈妈是小便，妈妈你先上，爸爸排第二。”

“子欧太懂事了，真是个好孩子。”

我从卫生间出来的时候，子欧爸爸进去了。爸爸上厕所的时候，因为着急，没有关门，子欧马上也跟进去了，我想子欧肯定也是着急了。

晚上子欧和我一起洗澡的时候，不无得意地告诉我说：“妈妈，我看见爸爸的小鸡鸡了，哈哈哈！”

“你什么时候看见的？”

“就刚才上厕所的时候啊！”

我一惊，原来小家伙刚才在爸爸上厕所的时候挤进来是有预谋的。我故意装作没事儿的样子对她说：“噢，爸爸的小鸡鸡和你所看到的小弟弟他们的小鸡鸡是一样的，只是爸爸是大人了，小鸡鸡也长大了啊。”

“我明白了，就像你的乳房和我的一样，我长大以后，也会有你的那么大是吗？”

“是啊！”

子欧妈妈想说

1. 儿童天生具有探究秘密的好奇心。儿童在认识自然、人类和社会的过程中，一般会顺利地从家长、老师那里获得答案，这种获得答案的方式相对来说是轻松的、容易的。然而在儿童的生活中，有些秘密的答案却不能轻易获取，性就是其中一个主要的方面。当儿童的好奇心不能通过正确的方式得到满足时，她会通过自己的方式来解决问题。

2. 任何一个孩子从小都会对人的身体好奇，包括自己的身体和爸爸妈妈的身体。家长可在适当的时候，对孩子进行一些简单的讲解。

☆儿童的推理能力

2009年5月30日

子欧五岁多的时候是北京自然博物馆的小讲解员。为了能够给来自然博物馆参观的观众讲解各种动物，她需要背诵一些讲解词。在读讲解词的过程中，我发现子欧在阅读中表现出了推理能力。

“妈妈，我觉得非洲大象比亚洲大象大很多。”

“你怎么知道的？”

“我比较出来的。”

“你怎么比较出来的？”

“你看，自然博物馆的讲解词是这样写的：‘这是天山副巨犀的骨骼化石，它生活在距今3000万年前，在新疆吐鲁番地区被发现。它身高约5米，脖子差不多有2米长，可以够到好几米高的树叶，体重大约30吨，有四五个非洲象那么沉，是迄今已知最大的陆生哺乳动物。’你再看这一段：‘马门溪龙是中国最著名的恐龙，它生活在1.4亿年前，身体有26米长，还长着一个10多米长的大脖子。它活着的时候大约有60吨重！什么什么？60吨是多重？我告诉你们吧，就是把20头大象的体重加在一起那么重。’60吨是20头大象的体重，这种象是亚洲象，前面说了30吨是四五头那么沉，所以可以看出非洲大象比亚洲大象重很多。”

“哦，你是这样分析的，很不错啊！我查查，看看你推理出来的结论是否正确。”

我马上打开电脑，上网查了查。

“子欧，真的，确实是非洲象比亚洲象大很多。非洲象是陆地上最大的动物，最大的非洲象比亚洲象要大得多，其肩高的纪录为3.96米，体重的纪录为11.75吨，牙长的纪录为3.5米。相比之下，亚洲象的平均肩高为2.6~2.7米，最高3.2米，体重为3.5~4吨。”

……

“子欧，你的这段讲解词中没有介绍永川龙的生活年代啊。”

“妈妈，有的，这段解说词里有一句这样的话：‘和它生活在同一时期的剑龙、马门溪龙等可都是它的美味佳肴呀！’马门溪龙的解说词介绍，马门溪龙生活在1.4亿年前，所以永川龙也是生活在1.4亿年前。”

子欧妈妈想说

1. 推理是从一个或几个已知判断中得出一个新判断的思维过程。推理是思维的基本形式，又是一种重要的过程，它比较集中地体现了思维的本质特点——概括性和间接性。推理能使人从已有的认识中推出新的认识来。

2. 学龄前儿童的思维特点是具体形象性，抽象逻辑思维还处于萌芽状态。学龄前儿童虽然是以具体形象思维为主，但是通过教育和引导，儿童在自己所熟悉的经验范围内能够进行初步的推理。家长在培养儿童的推理能力时，首先，要注意不断丰富儿童的知识和经验，以促进孩子判断推理能力的发展。感知是认识的开端，脱离感知的单纯的语言讲授，是不可能使幼儿形成概念的。其次，要注意引导孩子进行比较训练，了解事物之间鲜明的本质区别，以锻炼孩子的分辨能力。

比较是区别事物异同的过程，是归纳分类的前提。

☆我不想晚上结婚

2009 年 6 月 7 日

昨天晚上我们一家三口坐在沙发上看电视，突然外面响起鞭炮声，把我们都吸引住了，于是我们开始猜想为什么这个时候有人放鞭炮。

“妈妈，你听，有放鞭炮的声音！”

“是的，你去看看，看看是从什么地方传来的。”

子欧开始从房间的各个角度去寻找，希望看到春节时燃放烟花爆竹时的美丽夜景，然而因为距离的遥远和高楼的遮挡，子欧没有看到。

子欧有点儿失望，我便有了个提议。

“子欧，我们一起来猜猜为什么有人会在这个时候燃放鞭炮吧。我觉得有可能是因为谁家有人过生日，比如一个爷爷八十大寿。要是在我们老家，家里有老人八十大寿，家里的亲戚朋友头一天就会过来祝寿，搭台唱戏，燃放鞭炮，非常热闹。也有可能是谁家搬新家了，搬家一般也是晚上，为了祝贺搬新家，也会放鞭炮。”

爸爸说：“我想可能是谁家有人结婚了，在我的老家就是晚上结婚，也要放鞭炮。”

“太有意思了，还没听说晚上结婚的。”

“我也是头一次听说晚上结婚的，这个风俗和北京的风俗可差异太大了。北京都是上午结婚，二婚是在下午进行。那是不是三婚是晚上啊？哈哈哈。”

“妈妈，你说是晚上结婚好，还是上午结婚好？”

“这个无所谓好坏，每个地方有每个地方的风俗，不过一些风俗习惯的形成可能与当地的文化有很大的关系。”

“我可不想晚上结婚。”

“为什么？”

“因为晚上结婚，我会打瞌睡的。”

“哈哈哈哈！”

子欧妈妈想说

风俗习惯是民族文化生活中的组成部分，它指的是一个特定民族在衣、食、住、行、生产劳动、婚姻、丧葬、节庆、礼仪等方面的风尚和习俗。我国是一个多民族的国家，具有丰富的风俗习惯。儿童在自己的生活环境中，也能感受到这种多样的风俗习惯，家长应让他们明白世界是多样的，风俗习惯也是多样的，一些事物在这个地方是这样的，在别的地方却又是另一番景象。家长还应告诉儿童，每个地方的风俗习惯都与当地的文化、环境等有关系，每个人对于这些不同的文化都应尊重、理解。

☆人为什么不需要保护色

2009年6月13日

今天早上在跑步回来的路上，我捡到一只天牛，于是带回家让子欧观察，她很高兴。

“子欧，我刚才在外面看到一只天牛，捡回来送给你。”

“太好了。”

“你看天牛有几条腿啊？”

“有六条腿。”

“你再看看它的身体结构，可以分成几部分啊？”

“可以分成头、肚子、尾巴，还有腿。”

“天牛是一种昆虫，身体可以分为头部、胸部、腹部三个部分，还有腿和触角等。子欧你要记住，昆虫的身体特征是：身体分为头、胸、腹三部分，通常有两对翅膀和六条腿。这是判断很多小动物是不是昆虫的标准。”

子欧观察完以后，告诉我：“妈妈，我们必须把它放掉。”

爸爸凑过来看了看说：“这是一只害虫，会对植物或建筑物造成危害。我们应该消灭它。”

子欧着急了，说：“不管怎么说，这也是一条小生命啊。”

最后我们还是尊重子欧的意见，把小天牛放飞了。

“妈妈，我知道竹节虫也是一种昆虫，枯叶蝶也是一种昆虫，这两种昆虫都有自己的保护色。为什么我们人类没有保护色？”

“是啊，人要是有保护色该多好啊！”

子欧自问自答地说：“人很大，当然就不需要保护色了。”

“那老虎不也是很大吗，为什么它们有保护色？ 为什么人就不需要保护色啊？”

“妈妈，因为人有武器，不用害怕别的动物啊，所以不需要保护色了。”

“子欧，你想想，动物的保护色是用来做什么用的？”

“用来欺骗或恐吓要吃它的其他动物，保护自己的。”

“对，这是自然界长期进化的结果。 那些想吃它的动物有一个专用名词叫‘天敌’。”

“天敌，对！ 人没有天敌。 因为人有聪明的大脑，会想办法啊，会制造工具和武器，所以就不需要保护色了，我们人是地球上最聪明的动物啊。”

子欧妈妈想说

1. 在今天这种快节奏的生活中，大多数家长并没有多少时间可以真正坐下来认真地对儿童进行教育，更多的家庭教育需要在日常的生活中来进行。 对话是最方便的一种教育方式，也是在任何时候都可以进行的一种教育方式。 孩子在与成人的对话中了解世间万物，获得知识与支持，这有利于他们的健康成长。 因此，成人在与孩子的对话中，需要有意识地进行启发、引导。

2. 家长在与孩子对话时，应使用孩子能够理解的语言。

3. 家长与孩子的对话应该是平等的，而且应该是能相互启发的。

☆地图中的秘密

2009年6月28日

昨天我在看北京地图，子欧和表姐瑶瑶也把小脑袋挤过来和我一起看，于是我把地图让给她们看，让她们去寻找地图中的秘密。

子欧："妈妈，你在看什么地方？"

妈妈："我在看我们学校以后要搬迁的地方距离我们家有多远。"

子欧："妈妈，妈妈，我们上地理课吧，求求你了，给我们上地理课吧，上地理课很有意思啊。"

我意识到这是一个很好的探索地图秘密的机会，便答应了子欧的要求。

妈妈："你们拿着这张地图仔细观察，然后分别指出自己的家在这张地图的什么位置？"

子欧："我找到了我的家，这是望京。"

瑶瑶："我也找到了，这是宋家庄。"

子欧："妈妈，我在地图上发现有一颗五角星，这是什么意思？"

妈妈："在地图上有很多秘密，你们就去探索吧，看看你们能够发现多少秘密。"

瑶瑶："这个五角星所在的位置距离天安门没有多远，一定是表示中心的意思。"

妈妈："瑶瑶说得有点儿道理，五角星表示市政府。"

子欧："我也看到这个五角星了。我在地图上发现一个圆圈里有一个大写的字母D字，这是什么意思？”

妈妈：“这是地铁的标识。”

子欧：“我在地图上找到了动物园、植物园，还有香山……”

子欧：“我发现所有的公园都是用绿色标识的。”

瑶瑶：“我发现所有学校的标识都是一个圆圈里写一个‘文’字。”

妈妈：“你们发现的秘密可真不少啊！孩子们，刚才你们的发现已经说到了地图上一个很重要的内容，如果要看懂地图，首先就要了解它，它就是‘图例’。在地图上的一角或一侧你们能找到它，它是代表地图上所有地理环境各要素所用的符号。比如，山脉、河流、公路、铁路等都用不同的符号来代表。像你们刚发现的地铁标识、学校的标识等就是图例。先认识图例，你们就能看懂地图了。”

子欧妈妈想说

在很多孩子的眼中，地图仅仅是一幅静止的、难以理解的图画，但是如果在读图过程中能够联系自己的生活、学习经验来阅读、思考，原本死板、静止的地图便能够在孩子们的头脑中“活”起来、“动”起来。

☆公交车上的学问

2009年7月5日

昨天我带子欧坐公交车，她很开心。因为对子欧来说，可以像大人一样刷卡乘坐公交车，是一件很美的事情。坐在车上，子欧两只眼睛就骨碌骨碌转。

“妈妈，为什么车上的椅子有不同颜色？”

“什么不同颜色啊？”（我以前从来没有意识到公交车上椅子的颜色有什么区别）

“你看，这几把椅子是黄色的，其他椅子都是绿色的。”

“哦，你看看黄色椅子背上写的字，也许就知道了。”

“我知道啦，这是专门为老人、小孩、孕妇准备的椅子。”

“你是怎么看出来的？”

“这些椅子后面有图，我看图就明白了。这些图形好有意思，孕字就像一个大肚子的妈妈，里面有个孩子。老人就画了拐棍，我不认识这些字，但我知道是什么意思。”

“妈妈告诉你，这几个字是老、幼、病、残、孕。”

“我是小孩儿，可以坐这种椅子。妈妈你不属于‘老幼病残孕’这些人，所以你不能坐，你应该坐后边那些绿色的椅子去。”

“如果车上没有老、幼、病、残、孕这些需要帮助的人，这些椅子是空的话，我们也是可以坐的，做什么事情都是可以灵活处理的。而且你是小孩儿，妈妈需要照顾你啊！”

“妈妈，为什么这些专供‘老幼病残孕’坐的椅子不整齐地摆放，而是乱摆放的呢？ 你看这有几把，那又有几把。”

“子欧你真会观察，这个问题很有意思。 为什么这样排列呢？ 你好好观察，认真想想。”

“噢，妈妈，我知道了，这些专供‘老幼病残孕’坐的椅子都摆放在靠近门的地方，这样就方便多了，这些人不需要在车上走很远，就可以方便地找到座位，下车的时候也方便。”

“没错儿，而且这些椅子都在相对安全的位置，以防止他们摔倒。”

子欧妈妈想说

1. 孩子好奇心强，容易发现一些问题。 特别是一些成人熟视无睹的事情，儿童也能提出一些很有意思的问题。

2. 家长对于孩子提出的任何问题，不要在孩子一提出后就急于解答，家长应逐渐引导孩子学会思考，自己去寻找问题的答案。 在寻找答案的过程中，孩子的思维能力得到提高和训练；当孩子寻找到答案以后，会感受到成功的快乐。

☆“温馨”的意思

2009年7月15日

子欧这两天迷上了口头作文，今天在家里口述了一段，让我记录在电脑上。记录的内容如下：“《睡美人》这本书中，我最喜欢那个公主，她很漂亮，也很智慧，那个小仙女总是陪在公主的旁边，我觉得那样很温馨。”看到她用到“温馨”这个词，我想了解她是否明白这个词语的意思，于是有了下面的对话。

“你知道温馨是什么意思吗？”

“我知道温馨是什么意思，但是我说不出来。”

“没有关系，你好好想想再说吧。”

子欧嗯嗯了一会儿，试了试还是没有说出来。

“你可以举个例子表达出来。”

子欧想了想，然后举了一个例子：“晚上家里人陪着我，我觉得心里很热乎，这就是温馨的意思。”

“不错！你已经理解这个词的意思了。其实温馨就是温暖的意思。”

子欧妈妈想说

学龄前儿童随着词汇量增多，已经有较强的语言理解力，他们能理解的词汇要远远多于能够运用的词汇。儿童是如何理解这些词语的？实际上儿童对很多词汇的理解是在语境中猜测出来的。比如，子欧对于“温馨”这个词语的理解。尽管她还不能用自己的语言来解释这个词的具体含义，但她理解这个词的意思，并能够准确地运用它来表达自己的感情。

☆小虫子为什么掉下来了

2009年7月17日

今天下了一上午的雨，下午我和子欧去超市购物。路上，我们发现一棵树下有一条粗大的绿色虫子在地上翻滚。

“子欧，快看，树下有一条好大的虫子啊！”

“怎么这么大，我从来没有看到过这么大的虫子。”

“这条虫子一定是生活在树上的，它为什么会到了地上呢？”

“上午下雨，雨把它冲下来了。”

“有道理，上午一直在下雨。”

“今天刮风，也可能是风把它吹下来了。”

“对，有可能是风的原因。”

子欧接下来又说了很多种猜想。

“它今天所在的那片叶子，被风吹下来了，所以它也跟着掉下来了。”

“它可能是吐丝的那种虫子，它的丝断了，所以掉下来了。”

“它在树上玩得很高兴，可是没有站稳，掉下来了。”

“因为它想下来探险，看看地面是什么样子，所以自己爬下来了。”

“可能是小蚂蚁想吃它，故意在地上喊它，说想和它交朋友，虫子上当受骗了，所以下来了。”

“今天动物们举行运动会，所以它下来了。”

“小虫子的一件东西掉下来了，它下来寻找自己的东西来了。”

……

“你刚才说了这么多的原因，很具想象力。那么你觉得最有可能的原因是什么？”

“是因为今天下雨，虫子被风吹下来的。”

“我也觉得这个可能是最主要的原因。”

从超市回来后，我们又经过那棵树，发现小虫子不见了，子欧又开始猜测小虫子为什么不见了，爬到哪里去了。

子欧妈妈想说

1. 家长要善于从生活中捕捉能激发儿童想象力的契机，为他们提供一个能充分发挥想象力的空间，让他们有机会“异想天开”。

2. 家长可以指导儿童从因果、相似、相关、对比等方面来进行联想。因果联想即由原因联想到结果，或由结果联想到原因，如对虫子掉在地上原因的各种假设。相似联想，即由一事物想到在某一特征上与之相似的另一事物，如看到蜻蜓想到飞机等。相关联想即由一事物想到与之相关的事物。有些事物形式虽有所不同，但其本质却有相同的地方，因而可由此物联想到彼物。对比联想即由对一事物感知联想到与之特点相反的事物。比如，通过大海联想到小溪，通过大树联想到小草，通过美联想到丑，通过高大联想到矮小等。

☆橡皮的故事

2009年7月27日

昨天晚上子欧弹钢琴弹得很好，我给她一块可爱的小橡皮作奖励。子欧已经获得了五块形状颜色不一样的橡皮，她很高兴，一直把五块橡皮握在自己的小手里。晚上临睡前，我听见子欧在哭。

"呜呜呜呜……"

"怎么啦？"

爸爸说："你刚刚奖励她的橡皮有一块掉到床底下去了，怎么都拿不出来。"

"为了橡皮啊？子欧别哭了，妈妈来找找。"

我费劲地找了好一会儿，还是没找着。

"还是没找着啊！"

"我刚才已经找了好久了，都没有找着，需要把床挪开，才能找到。子欧，现在该睡觉了，要不你先睡觉，明天早上你一醒来，爸爸就把床挪开，给你找橡皮好吗？"

"好吧。"

今天一早，子欧又哭起来了。

"呜呜呜呜……"

"你怎么一起来就哭了？"

"爸爸昨天晚上答应一早上就给我找橡皮，可是他现在还没给我找。"

“你喊爸爸了吗？”

“我喊了，可是爸爸找了一会儿没找着，就走了。”

爸爸走进卧室说：“不就一块橡皮吗？ 再给你买一块不就行了吗？”

“不行。”

“买两块更好看的，行吗？”

“不行。”

“这不是买新橡皮的问题，来吧，我们一起把床挪开，仔细找找，一定把子欧最喜欢的橡皮找到。”

于是我和子欧爸爸费力地把大床挪开。

“妈妈，我看到了，橡皮在床底下，我去够。”

子欧拿到失而复得的橡皮，脸上露出满意的笑容。

“因为橡皮是妈妈奖励子欧的，子欧非常喜欢，所以不愿意丢对吗？”

“是的，妈妈最理解我了。”

子欧妈妈想说

“人人都说小孩小，小孩人小心不小。 你若以为小孩小，你比小孩还要小。”这是陶行知的一句名言。孩子眼里无小事，家长眼中的小事一桩，在孩子看来却非常重要。比如，这块橡皮在大人看来要不要没什么了不起的，但对子欧来说意义非同一般，因为那是她辛苦得到的奖励。 在孩子成长的过程中，家长应该体谅和理解孩子的细微心情，学会尊重和呵护孩子的感情和行为。

☆为什么北京的天气预报播两次

2009年7月29日

昨天子欧在家看天气预报，看到北京的天气情况被播了两遍，而其他省市只播一遍，她说这不公平。

"妈妈，为什么北京的天气情况要播两次？"

"因为北京是首都，有更多的人会关注，所以要播两次。"

"我觉得不公平。"

"你为什么觉得不公平呢？"

"因为其他地方都是播一次，而北京播两次。"

"因为北京是首都，很多人来北京旅游、学习、办事，他们都需要了解北京的天气情况啊。"

"首都也应该一样啊，都播一次才公平。"

"你是北京人，难道你不愿意北京被播两次吗？"

"我是北京人，可我觉得这样不公平啊，不能因为是首都就要多播一次啊。"

"因为北京是中国的首都，有很多人需要了解这里的天气情况。"

"那我还是觉得不公平，别人都是播一次，为什么北京要不一样呢？这就是不公平。"

"不是完全一样就是公平。你明白吗？"

"我不明白，公平当然就是完全一样。"

“子欧，妈妈举个例子告诉你这个道理，比如吃饭，你吃一小碗就饱了，妈妈要吃一大碗才能吃饱。如果强迫你和我吃一样多，这样会撑着你，这是不公平；如果让我和你吃一样多，我就没有吃饱，这也是不公平。真正的公平不是要让我们都吃一样多，而是要让我们都吃饱。”

“吃饭和天气预报不一样，这就是不公平。”

子欧还是不买账，坚持认为北京的天气预报多播了一次就是不公平。

子欧妈妈想说

公平就是完全一样吗？公平的问题没那么简单。要想帮助儿童树立公平的观念，首先要了解儿童的公平观的发展过程。儿童生来并不懂得什么是公平，三四岁的孩子往往是以自我为中心的。当儿童逐渐长大，到了五六岁以后，他们就慢慢形成了这种“完全一样”的公平观念，如子欧认为所有城市的天气预报的次数都必须一样，才是真正的平等，反之则是不平等、不公平。儿童要正确认识什么是公平，要到十二岁左右，那时他们才会认识到平等不是绝对的。

☆记录自己的历史

2009年8月2日

我让子欧对自己经历过的一些重要事情进行口述，由我记录。

“子欧，以前上幼儿园都没有暑假，现在大班毕业了，就有了第一个暑假了。你来讲一讲你的暑假生活好吗？”

“好啊！幼儿园毕业了，我在家里休息。我觉得在家里没有在幼儿园好玩。所以我想，在家里创造一个像幼儿园一样的环境。妈妈当老师，我在家里学习。每一天我都学习。我觉得就像在幼儿园一样。在家里的上午我学习，吃完饭，睡完午觉，下午我就玩。太阳热的时候，我自己看书，安排自己的时间，选择我最喜欢干的事情。平常我会选择在家里玩。但是有些时候我喜欢看书，我有《西游记》等故事。我会看老师以前给我批改的作业，和现在相比一下，看看是哪个更好一点。我猜当然是我现在写的作业。以前妈妈送我一本她写的书，我今天翻出来看。我可以看我最喜欢的书。晚上的时候我可以出去玩，因为我的学习任务全部完成了。晚上我可以选择我喜欢干的事情，我一般选择去外面运动一会儿。晚上该睡觉了，我肯定会睡不着的，因为我今天好高兴。你猜我为什么这么高兴吗，因为我今天写了一篇作文。”

……

下面是另一段口述记录。

“子欧，你快乐吗？”

“暑假我很开心，我有很多快乐！”

“你有哪些快乐呢？ 你能说一说吗？”

“我很快乐，我觉得在我们家里，我是最快乐的。 因为我天天可以在外面运动，运动可以带给我乐趣。 我喜欢很多种运动，如我很喜欢跳小绳和跳大绳。 因为跳大绳可以做很多花样，跳小绳也是这样的。 我还有很多快乐。 比如说，我喜欢朗诵。 因为朗诵可以给我带来感情，你看，我有很多朗读书。 我每天都朗读。 我觉得和小朋友玩，也很快乐。 你看，我跟小朋友玩得多开心啊。 我也很喜欢写作文，你看，现在我正在写呢。 你猜，我为什么那么喜欢写作文？ 因为我妈妈就很喜欢写作文，我妈妈说，我长大以后，肯定能当作家呢！ 我还有很多很多快乐，说都说不完。 看书也是我的快乐，因为看书可以带给我们很多知识，比如谜语书让我们学会动脑筋。 我还有快乐呢，我还喜欢跟妈妈在一起，因为妈妈每天都会陪我玩。”

子欧妈妈想说

1. 学龄前儿童还不会写字，家长可以让孩子通过口述的方式来记录自己的历史，孩子会很喜欢。 孩子一边口述，家长一边记录。 口述自己的历史，是记录历史的一种非常重要的方式，也是培养儿童口语表达能力的一个有效途径。

2. 个人的经历就是个人的历史。 家长应该让儿童意识到，我们从何而来，现在又置身何处，久远的过去与现在有什么关系，我们又将走向何方，现在与遥远的未来又有什么关系。 正是在过去、现在、未来的时间跨度中，我们意识到历史是变化的，历史是不断发展的，昨天与今天是有密切关系的，而今天与明天也是密切相关的。

☆口述游记

2009年8月5日

子欧和几个小朋友一起去北戴河玩。游玩回来后，我让子欧口述了一篇游记。

“子欧，你去了北戴河玩，是不是我们来口述一篇作文啊。”

“好啊。可是怎么说？太多的事了，我们玩了很多地方啊！”

“你可以有很多种不同的思路，如你可以按照时间顺序说，第一天干什么了，第二天干什么了；也可以按照地点说，在北戴河干什么了，在南戴河干什么了；还可以挑选几件你最喜欢的事情来说说。想怎么说，就怎么说，好吗？”

“好的。”

过了一会儿，子欧说：“妈妈，我准备好了，你准备好了吗？”

“我也准备好了，你说吧，我记录。”

“前几天，我和好朋友去北戴河玩。我们到那的时候都已经是下午了，因为北京距离北戴河很远，所以我们才那么晚到。下午我们去北戴河游泳。我觉得水被污染了，但是我仍然觉得泡在水里很舒服。我和我的好朋友们组成了一个小团队，游向了比较深的地方，是棠棠的妈妈带我们去的，她都可以够到底，但我们都带着游泳圈。第二天，我们七点钟吃完早饭就去了南戴河，那里比北戴河环境要好。因为我们坐着帆船还看到水母了呢，所以我觉得这里的水没有被污染。我在那里游的时候，觉得有些水很暖和。我们在那儿冲浪，我们感觉自己就像一条小船，在波浪上游荡，一上一下的，我心中感到很兴奋。我和姐姐在那捡了很多漂亮的石头和贝壳。有些大、有些小，就像妈妈、爸爸和我。有些石头是梯形，有些像楼梯，有些贝壳五颜六色的，美丽极了。第三天早上5点钟，我们就起床去赶海了。因为很困，刚开始我还不愿意去，后来玩了一会儿，我觉得很好玩。我还看到了螃蟹和水母，我还捉了螃蟹，水母黏黏的，我妈妈捉了几条鱼。吃了早饭，我们又去鸽子窝公园，把早上赶海捉的螃蟹和鱼都放生了。我们玩吊桥，还捣乱来着，我们在上面又跑又跳。我们到那以后，小京拿网子去捕蝴蝶。我们在那差不多逛了一圈以后，又玩了骑龙，棠棠妈妈还给我们录像了，那龙身上全是用贝壳装饰的，龙的毛就像楼梯一样。我觉得这一次旅游让我感受到大海的海风、海浪，还有海水，等等。大海就像我们的玩具，我都不想回家了。”

子欧妈妈想说

1. 儿童语言的发展遵循着一定的规律，在听说读的能力达到一定程度的时候，写只是一个很简单的过程。在儿童学会书面表达之前，已经开始展现一些早期的读写能力，如果家长在这个过程中重视儿童早期的读写能力培养，并利用好这个敏感期，将会在一定程度上促进儿童书面表达能力的发展。在儿童四五岁的时候，读写能力开始显现。比如，这个时候的孩子会假装阅读书本，用讲故事的方式说话，有规律地翻书，也能够认识一些简单的标记，如麦当劳餐点的符号、停车场的标志等，还喜欢随意乱画，喜欢看家长写字，要大人记录她所说的话等。这些都表明孩子开始意识到说话与文字的关系，即儿童早期的读写意识开始出现。

2. 学龄前儿童虽然不会写字，但此时的他们已经具有一定的口头作文的能力。家长如果重视对这个阶段的儿童进行口头作文的培养，将有利于儿童在上学后写作能力的发展。成人可以要求儿童进行一些口头作文，如口述游记。

☆为什么有两个美国

2009年8月7日

五岁的子欧特别喜欢看那些花花绿绿的地图。有一次，子欧突然跑来大声问我：

“妈妈，为什么有两个美国？”

“地图上只有一个美国啊！”

“妈妈，你过来看，真的是有两个美国。”

“在哪里啊？”

子欧指着阿拉斯加对我说：“你看，这不也写着是美国吗？”

“哦，你说的是阿拉斯加啊，这个大冰箱啊，它是美国的一部分，不是两个美国，它是美国的阿拉斯加州。它是美国的大冰箱，哈哈！”

“为什么说它是美国的大冰箱啊？”

“子欧，你看看，北极在哪儿？”

“我看到了，阿拉斯加是靠近北极的。”

“因为这个地方纬度很高，非常寒冷，所以大家开玩笑说阿拉斯加是美国的大冰箱。”

“别的州都在一起，这个州怎么隔这么远啊？”

“关于这个州，有一个很有趣的故事。你想听吗？”

“想听。”

“阿拉斯加州以前并不属于美国，而是俄国的。后来爆发了克里米亚战争，就是俄国和英国、法国等好几个国家开战。战争爆发后，俄国担心阿拉斯加会被英国夺走，就打算卖掉它，于是在1867年，俄国以720万美元的价格将这块土地卖给了美国。”

“卖的钱多吗？”

“当然不多，美国捡了个大便宜。”

“俄国人会不会后悔？”

“俄国人当然后悔了，因为阿拉斯加具有很重要的军事战略上的价值，目前在那里美国建有军事基地。后来美国在阿拉斯加发现了石油和天然气，这可给美国赚大钱了。”

“俄国肯定后悔了。哈哈，真有意思。”

子欧妈妈想说

1. 儿童养成了阅读地图的习惯以后，就会从地图中发现许多有意思的问题，如发现地图中的“两个美国”。这些问题可以进一步激发儿童对地图的兴趣，促使他们去思索、去探究。

2. 地图中隐含着丰富的历史文化，通过对这些知识内容的探讨，会进一步使孩子产生成就感。儿童对于知识的学习不是线性的，而应是综合的、整体的。

3. 家长在指导儿童学习地图时，可以尽量把学习过程变得趣味化，如把寒冷的阿拉斯加比喻成美国的大冰箱等，孩子会非常感兴趣。正是这种趣味性，使孩子对所学习的内容印象深刻。

☆我是船船游乐公司的总经理

2009年8月11日

今天下午，我在忙着写一篇稿子，子欧一个人在客厅的地毯上玩。她用了两把大椅子、两把小椅子、一个吊床、一根跳绳和两只羽毛球拍"建造"了两艘"船"，随后又找了两根棍子当船桨。

"妈妈，你来坐坐这两艘船。"

我过去看了看，表扬她有想象力，又回到书房接着写稿。

过了一会儿，子欧又跑来，把我拉到她的"船"边，告诉我说：

"我一共设计了六艘船，其中有两艘是给小孩儿玩的，两艘是给成人坐的，两艘是给老人坐的。"

"你有这么多船啊，你可以当船船游乐公司的总经理了。"

"嗯，这个好，我就当这个船船游乐公司的总经理。"

"你可以为你的公司做一段广告，这样就有更多的人知道你的公司，来坐你的游船了。"

"太好了，我马上来设计广告词。"

过了一会儿，子欧说："妈妈，我准备好了，你听啊：各位游客你们好，我是船船游乐公司的总经理——赵子欧。欢迎来到这里玩。下面我给大家介绍我们的船，这里有专为老人、小孩儿、年轻人设计的船。老人的船有两种，一种是可以坐在上面捞鱼的，另一种是旁边还可以坐一个人的；年轻人的船也有两种，一种是休闲用的，因为上了一个星期的班啦，需要放松，另一种是在船上还可以玩电脑的那种；小孩的船也有两种，第一种是简易的，脚可以触到水的休闲船；还有一种是脚踏船，适合5~6岁的孩子玩，在船上设计了专为孩子准备的安全带。想在海洋上航行的人请给我们提意见，提意见的方式，第一种是写信到船船公司里，第二种方式是打电话，电话号码是66668888，我们将为你提供需要的东西。请大家尽情地玩吧。"

于是，我故意假装成记者，听说船船游乐公司的生意很火爆，前去采访总经理。我在她面前做敲门的动作，她做开门的动作。

"您好，我要采访公司的总经理。"

"啊，你要采访我们的总经理啊，总经理平时工作很忙，现在在游乐场呢，我带你去。"

走了两步后，子欧假装自己又是总经理了，说："记者你好，欢迎！"然后子欧和我握手欢迎我的到来。我的采访也正式开始了。

"请问，您为什么会开一个这样的公司？"

"我小时候喜欢开船，可是老没有适合小孩儿开的船，所以我就想，应该根据不同的人设计不同种类的船啊。"

"请问您的生意好吗？"

"很多人都要来玩，他们都特别喜欢我设计的各种游船。"

"哪些人最喜欢玩这些船。"

"人们都喜欢，在这里可以坐船、工作、放松，大家都觉得好玩儿。"

"我也想坐坐，请问怎么收费啊？"

"你是记者，不要钱，你挑一个最喜欢的吧。我们这原来是一片湿地，后来加了一些水，变成了一条河，为了让小朋友能看到真正的湿地，有些地方还没有开发。"

这个游戏让子欧玩得很尽兴。

子欧妈妈想说

对孩子来说，游戏就是学习。孩子在游戏中能获得各种感观的刺激，思维活动得以激发，从而获取丰富的感性认识，也就产生了用语言表达自己情感和想法的愿望。因此，家长应为儿童提供游戏的机会和场所。

☆什么是岛？

2009年8月18日

今天晚上，子欧问我什么是岛，我没有直接回答她的问题，而是让她通过看地图，自己去寻找答案。

“妈妈，什么是岛？”

我正想去回答子欧的问题，突然想到为什么不让她自己来回答这个问题呢。于是我说：“你去看看中国地图，去观察一下台湾有什么特点，因为台湾就是岛屿啊。看完了，仔细分析一下，你就明白了。”

过了一会儿，子欧过来说：“岛屿就是一片陆地周围都是水。”

“子欧很会观察，说出了岛的特点。”

“我听说还有一种叫半岛，什么叫半岛呢？”

“子欧，你先在地图上找一找辽东半岛和山东半岛。”

“妈妈，我找到山东半岛了。”

“你看看，山东半岛和台湾岛、海南岛有什么区别？”

“妈妈，我知道了，岛是一片陆地周围都是水，半岛是陆地有一部分围着水，有一部分没有水。”

“子欧你真的很善于发现和总结。你看，什么是岛，什么是半岛，妈妈没有告诉你，都是你通过看地图自己发现的。这就是学习，小朋友要学会自己分析问题，尝试自己解决问题，这种能力非常重要呢！”

子欧妈妈想说

1. 独立思考能力在儿童的能力结构中占据着重要的地位。如果孩子养成了独立思考的习惯，将来就会抓住更多的机遇，也更容易取得成功。因此在孩子很小的时候，家长就应该培养其独立学习、独立解决问题的能力。

2. 作为父母，应该怎样培养孩子独立思考的习惯呢？首先，可以给孩子营造一个思考的氛围。在家庭中，营造思考的氛围非常重要。其次，家长要呵护孩子的好奇心，利用孩子的好奇心，让他们思考。一般来说，独立思考能力强的孩子，往往具有较强的好奇心，父母应努力开拓和保护孩子的好奇心，千万不要因为孩子的提问不合理而责备孩子，以免伤害孩子的自尊心。最后，家长在与孩子相处的过程中，要经常以商量式的口吻进行探讨，留给孩子自己思考的余地，给孩子一个展示自己想法的机会。

☆期待上学

2009 年 8 月 26 日

再有几天子欧就上学了，她很兴奋，一个人在家玩着上学的游戏。

"我现在很忙碌，我是忙碌的小学生，我削好铅笔为上学做准备，我还要准备好自己的书包。"

"子欧真的马上就是小学生了。"

"妈妈，还有几天，我才可以上学啊？"

"嗯，还有五天，就是 9 月 1 号了。"

"妈妈，昨天我梦见我上学了。"

"做梦都在上学啊！ 告诉妈妈你都梦见什么了？"

"梦见了我们的老师带着我们一起做游戏。"

"子欧，要是在学校小朋友们互相不认识怎么办？"

"我对她说：'让我们做个朋友吧，我叫子欧。'"

"怎样才会让老师喜欢你啊？"

"我上课认真听讲，听老师的话，老师就会喜欢我。"

"上课的时候应该做什么啊？"

"听老师给我们上课。"

"课间休息干什么好啊？"

"课间休息要上厕所、喝水，和小朋友一起玩。"

"吃饭的时候要注意什么啊？"

“安静地吃，不说话啊。”

“中午有一个多小时午休时间，你准备怎么安排啊？”

“我们小朋友一起玩啊。”

“要是碰到问题不知道怎么解决，怎么办啊？”

“问老师，老师就像妈妈一样。”

“想妈妈怎么办？”

“没有关系，下午就回家了。”

子欧妈妈想说

面对即将上学的儿童，这个时期的幼小衔接应该有所侧重，应该让儿童明白幼儿园与小学的区别，明白小学对儿童的各种不同要求，以帮助儿童很好地适应即将来临的小学学习和生活。因此家长在这一阶段应该给孩子加强小学生活的介绍。

☆七夕节与牛郎织女的故事

2009年8月27日

昨天是七夕节，我和子欧聊起了这个节日。

"今天是七夕节啊，下班的时候我看见很多人在买花。"

"什么是七夕节？"

"七夕节是我国的一个传统节日，现在很多人把它当成中国的情人节。"

"为什么要当成情人节啊？"

"七夕节是农历七月七日，传说在七月七日这一天牛郎和织女在鹊桥相会。"

"牛郎、织女是谁？"

"难道你没有听说过牛郎织女的故事？"

"没有。"

"你听了那么多的故事，就没有听说过牛郎织女的故事啊？ 那妈妈告诉你啊，传说，有一个放牛娃……"

"这个故事很好听，每年七月七日他们真的在鹊桥相会啊？ 会有那么多喜鹊吗？ 我们能看见吗？"

"这只是一个神话故事！"

"我觉得这个故事有一个问题。"

"什么问题？"

“牛郎披着牛皮能飞，他为什么不能飞过银河呢？”

“因为银河非常宽啊。”

“可是他能从地上飞到天上，为什么就不能飞过银河呢？”

“是啊，我觉得你说得很有道理，为什么那么远都能飞过来，就不能飞过银河呢？ 这不过就是一个神话故事。”

子欧妈妈想说

1. 现在很多孩子对中国民间故事不熟悉，却非常熟悉西方文化中的灰姑娘、白雪公主、睡美人等。据一些研究表明，我国传统的民间故事在学龄前儿童所听故事中占的比重很少，有一部分家长从来没有给孩子讲过民间故事。其实民间故事传达的内涵十分丰富，既包括自然的奥秘，也包括人性和感情等，这些故事不仅能够在科学方面对儿童进行启蒙，更可在精神层面对儿童产生良好影响。

2. 节日能否得到人们的关注与节日中的游戏精神有很大关系。比如，在万圣节中，儿童可以玩“treat or trick”的游戏，这是很适合儿童的一个节日；在圣诞节中，儿童可以收到圣诞老人的礼物；在复活节中，儿童可以寻找彩蛋；在感恩节中，儿童可以通过各种游戏活动来表示感恩。所以，儿童喜欢这些具有游戏精神的节日。相反，在中国的传统节日中，人们过度关注节日的饮食文化，而缺乏对其游戏文化的挖掘，致使中国的传统节日游戏精神不强，因此得不到儿童的喜爱。

3. 中国的传统节日如果期望得到孩子们的认可，需要进一步挖掘其中的文化内涵，丰富节日游戏活动。如清明节除了扫墓以外，还可以进行踏青、荡秋千、放风筝、打马球、插柳等一系列有趣的风俗体育活动。节日文化是中国传统文化中的重要内容，值得我们继承与发扬。

☆对于时间的认识

2009年8月28日

今天，我在与子欧聊天的时候，发现她对于时间的认识相比以前又有了很大进步。

“到了年底，我就不睡这张床了，就可以睡妈妈买的新床了。”

这是我第一次听到她使用“年底”这样的时间词语，于是问她：

“什么是年底？”

“年底就是快过年了。”

“还有多久就是年底？”

“还有四个月。”

“你是怎么知道的？”

“现在是8月，还有9、10、11、12四个月就是新年了。”

“那年底和新年有什么区别？”

“年底过完了，就是新年。”

“你的时间感还挺强的啊，那再考考你，今天星期几？”

“今天星期五。”

“你现在也不上幼儿园，怎么还知道每天星期几？”

“妈妈，我知道，因为前天你带我去游泳，那天是星期三，所以今天当然是星期五。”

子欧妈妈想说

1. 儿童对于时间概念的获得是一个长期的过程。儿童两三岁的时候，对时间有一个粗浅、模糊的认识，如知道昨天和明天，知道昨天是指过去，明天是指将来，但对昨天和明天的准确内涵并不十分清楚，子欧三岁前特别渴望上幼儿园，那一段时间每天她都会说“我明天上幼儿园了，我要在幼儿园……”刚开始听她这么说的时候，我非常担心她会不会第二天真的吵着要我送她上幼儿园，后来我发现她几乎每天都重复这样的话。我当时不能理解，后来才明白她所说的“明天”就是指“以后”。对未来时间的理解，对儿童提出了更大的挑战。到了五岁左右，儿童逐渐具备区分未来时间之间间隔的能力。随着儿童年龄的增长，他们对于未来的时间理解明显加强，并可以具体算出时间。

2. 儿童的经验有助于儿童形成时间概念。儿童在获得这些时间概念的过程中，主要通过直接体验的方式来感知，越是能够直接感知体验的时间概念，越容易获取。如儿童上了幼儿园后，由于每天都要去幼儿园，因此开始对“星期”的概念非常清楚。

☆上学第一天

2009 年 9 月 1 日

今天是子欧上学的第一天，中午我去接她，在回家的路上她一直喋喋不休地给我描述上学第一天的各种新鲜事情。

"妈妈，这是我们发的两套校服，以后每周一都必须穿校服。"

"中午吃了什么？"

"中午在食堂吃饭，有鸡蛋炒西红柿、鱼排、豆角，都是我爱吃的，我盛了两次饭，是第一个吃完的，但吃完了也不能先走，要等别的小朋友吃完一起回班级。"

"学校的菜好吃吗？"

"好吃极了，比你炒的菜好吃得多。吃完饭，还有小饼干吃呢。妈妈，我今天交了一个新朋友，他的名字叫秋秋。我们俩坐一排，我们一起聊天了，这个同桌很有意思。我今天还认识了一个女同学，排队的时候她站在我面前，但我没有记住她的名字。"

"今天上课学什么了呢？"

"今天主要是参观学校的环境，学校里种了很多树，真是棒极了。每个教室里都写着'欢乐新同学'几个字。"

"应该是'欢迎新同学'，不是'欢乐新同学'。"

"你没有去，怎么会知道？"

"欢迎是指高兴地迎接的意思，欢乐是指高兴快乐的意思，因为是欢迎你们一年级同学的加入，当然是欢迎啦！"

"我们的教室布置得最漂亮。厕所是男女分开的，每一个蹲位前还有门。今天我带的水喝完了，然后我又去接了一次水，我喝了很多水。"

"喜欢你们的老师吗？"

"喜欢啊！老师很温柔，老师很喜欢我们。"

"我们的校服很漂亮。"

"我喜欢我们的学校。"

到家以后，子欧还很兴奋。

"子欧，你吃完午饭了，那就睡午觉吧。"

"我先看看我们发的新书。我太高兴了，睡不着啊。"

子欧妈妈想说

刚入学的孩子一般都很兴奋，新的老师和同学、新的教室和操场，学校的一切都让他们感到新奇无比。孩子对新环境的向往，是对自己长大了的一种向往。看着孩子的这一切，作为家长的我们往往心里既喜又忧，喜的是孩子真的长大了，可以上小学了；忧的是，孩子能适应小学的生活吗？

☆儿童的读者意识

2009年9月4日

子欧这两天沉浸在上学的快乐中。

"子欧你好久没有写口头作文了吧？"

"嗯，今天我想写一篇'我上学了'的口头作文！"

"好啊，还跟以前一样，你口述，妈妈记录。"

"好的，妈妈，你等等，让我想想。"

子欧想了一会儿后，说："妈妈，好了。"

"昨天，我去学校上课了，老师还夸我了，因为我排队排得快。老师还表扬了我好几次，我忘记是什么原因了。我觉得上学很快乐，因为特别自由，而且上小学还可以学到更多的知识。比如说，体育课可以让我们学各种各样的体育游戏。还可以上美术课，还有各种各样的课，我都很喜欢。"

"还有吗？"

"我还很喜欢学校的环境，好多树呢！绿油油的一片，后面全都种着树。我们学校还是绿色学校呢！小朋友们都不随便扔垃圾，都扔到垃圾桶里。学校很自由，因为上小学下课有10分钟，中午可以自己安排。比如说，可以去操场上玩，在操场上追逐、游戏，就好像是奔跑的小鹿。我们学校操场特别大，有200米，我还围着操场跑了一圈，那是大操场。小操场特别小，周围有栏杆。体育课也在那上。学校里的老师不会嚷你，要是你做不出题目，老师也不会凶你，老师会告诉你方法。"

“说完了吗？”

“说完了。”

“不错，子欧，我们一起来看看你刚刚说了几件事。有环境；建筑；活动、吃饭、上课、课间休息；老师、同学；心情。你主要是从学校的建筑、环境、学校的活动、上学的心情以及师生五个方面来写的。你觉得每一方面都写具体了吗？你觉得有什么不足吗？”

“我觉得应该要写一个事情就应该把这个事情说清楚、说具体，不能东一下、西一下。妈妈，我能不能重新再说一遍？”

“好的。”

“我们的学校是××××××学校，你一进学校的大门，便可以看到一片宽阔的平地，你可以看到学校的操场，平地的旁边围着房子，再往里走，就是我们小学的教室，进去以后，一直走到头就是我们班了。我是一年级四班的同学——赵子欧。小学部的前面是花园，花园里环境特别好，中间立着一个金色的乌龟，它站在树桩上，把两只手举起来，前面还躺着一只兔子，乌龟戴着奖牌。花园里绿油油的，有一个小亭子，我们可以去那儿玩。我们的食堂在校门口旁边的一栋房子里，食堂里面的桌子和椅子与我们家里的不一样。我们一年级学生不在窗口打饭，因为够不着，有一个专门为一年级准备的地方，有叔叔阿姨专门为我们服务。每样菜都给你打一点儿。只有小点心让你自己挑。我们学校是绿色学校，小朋友们都不乱扔垃圾。上课时，我们都坐在自己的椅子上，我们是两个桌子摆一起，形成一个小组，男孩和女孩共坐一组。上课时，老师站在讲台上。上课的时候与幼儿园也不一样，我们是手搭着手叠在一块玩儿，脚不踩凳子，也不能占别人的位置。学习完了以后，老师会教我们做操，课间休息和中午是我们最喜欢的时候，因为我们可以自己安排。我们班的老师很温和，当我们做得不好时，老师也会很严肃地批评我们。我觉得上小学很开心。”

“说完了吗？”

“说完了。”

“真棒！ 你觉得你的第一遍好还是第二遍好？”

“第二遍好。”

“那你觉得第二遍好在哪里？”

“我在说第二遍的时候，就好像我带着你去参观，我一边走，一边说，好像你就在我身边，我给你介绍。 所以我介绍得比较清晰。 第一遍我是想到什么就说什么，比较乱。”

“所以，妈妈告诉你，以后再口述文章的时候，一定要注意，你是在和别人交流，就好像有人站在你身边听你说一样，这样你就要想清楚，怎样才能让别人听懂、听明白你所说的内容。”

子欧妈妈想说

1. 口头作文是运用口头语言进行表达和交流的重要方式，通过口述把自己的思想、情感表达出来，可以与别人交流自己的观点、想法。 学龄前儿童的口头作文练习将为其进入小学后的口语表达及写作打下良好的基础。

2. “读者意识”，即“为读者而写”，这一观点早已成为写作者的共识。 “读者意识”在写作过程中的作用是潜在的、独特的、不可缺少的。 一个具有强烈读者意识的作者必然会关注他心目中的读者，并努力使作品从材料选择到语言表达都能为“理想的读者”所认可和接受。 学龄前儿童在口头作文中也表现出了读者意识。

3. 家长在指导儿童口头作文时，应该唤起儿童的读者意识，这样就可以唤起他们的表达动机，点燃他们的表达欲望，他们将不会觉得口头作文是非常困难的事情。儿童如果具有读者意识，能使他们在写作时更多地关注读者，其作文水平也会因此而慢慢得到提高。

出 版 人　所广一
策划编辑　殷梦昆
责任编辑　殷梦昆
版式设计　郝晓红
责任校对　贾静芳
责任印制　曲凤玲

图书在版编目（CIP）数据

妈妈，我是从哪儿来的？：一位妈妈和女儿的对话/欧群慧著. —北京：教育科学出版社，2014. 8
（成长手记系列）
ISBN 978-7-5041-8896-0

Ⅰ. ①妈…　Ⅱ. ①欧…　Ⅲ. ①早期教育—家庭教育　Ⅳ. ①G78

中国版本图书馆 CIP 数据核字（2014）第 157660 号

成长手记系列
妈妈，我是从哪儿来的？
MAMA WO SHI CONG NAER LAI DE

出版发行	教育科学出版社		
社　址	北京·朝阳区安慧北里安园甲 9 号	市场部电话	010-64989009
邮　编	100101	编辑部电话	010-64989589
传　真	010-64891796	网　址	http://www.esph.com.cn
经　销	各地新华书店		
制　作	北京金奥都图文制作中心		
印　刷	北京中科印刷有限公司		
开　本	185 毫米×206 毫米　20 开	版　次	2014 年 8 月第 1 版
印　张	10.4	印　次	2014 年 8 月第 1 次印刷
字　数	94.5 千	定　价	22.00 元